本番に強くなる

メンタルコーチが教えるプレッシャー克服法

白石豊

筑摩書房

本番に強くなる

目次
CONTENTS

第2章

プレッシャーとどう戦うか——45

第5章 集中力を、どうつけたらいいのか—— 155

第6章 ゾーン、あるいはフローというピークの状態 199

第7章

「ありがとう」の心でタフになる——225

本番に強くなる——メンタルコーチが教えるプレッシャー克服法

イラスト　間宮研二

はじめに

本書のタイトルである「本番に強くなる」は、私が二〇〇八年四月にNHKラジオ深夜便「心の時代」に出演し、二日間のべ八〇分にわたってお話をしたときのものである。早朝四時からの放送であるにもかかわらず、たくさんの方に聴いていただいたようで、放送後、全国から電話やお手紙などが数多く寄せられた。

話の内容の中心は、これまで私が四〇年近くにわたって学んできたスポーツのメンタルトレーニングについてのものだった。しかし、私にお便りをくださった方々はスポーツ関係者ばかりではなく、男女も年齢も問わず、またさまざまなお仕事に就いていらっしゃる方たちだったのである。

みなさんは試合や試験などここ一番というときに、日頃から培った実力の何パーセントぐらいを発揮できているだろうか。この場合の実力とは、練習場や教室といった慣れ親しんだ環境のなかで普通にやればできることぐらいにとらえていただければよい。

私は全国の講演会場でも、よく同じような質問をする。すると一〇〇%という答えが返ってくることはまずない。五〇%とか六〇%というのがほとんどで、よくても八〇%がせいぜいである。

これまでに三〇年近くスポーツのコーチをやってきた私から言えば、本番で実力の八〇%も出せれば、まあよくやったよとほめてあげるべきだと思っている。もちろん心の底では、あれだけ練習してできるようになっているのに、八〇%しか出せないのかという思いもないわけではない。しかし本番になれば、さまざまなプレッシャーがかかってくるので、やはりそのぐらいで上出来とするべきなのである。

もちろんこうした話は、指導者たちの話題にもよくのぼる。仕事柄、スポーツ界の名指導者といわれる方々には、これまでずいぶんたくさんお目にかかり、お話をうかがう機会があった。そんな中に、「日本一勝ち続けた男」といわれる加藤廣志先生（元能代工業高校バスケットボール部監督）がいる。

加藤先生とは、ときどき親しくお話しさせていただくが、ある時このことが話題になった。私が「加藤先生、先生は選手が試合でどのくらい実力を発揮すればほめてあげますか」とたずねると氏はにっこり笑って、「そりゃあ、やっぱり八〇%かなあ」

と言われた。

私がやはりそうなのかと納得していると、加藤先生の口からすごい言葉が出てきた。「白石さん、うちはね、八〇％出せば日本一になるように日頃から教えているんですよ」と言われたのである。これには私も開いた口がふさがらなかった。やはり「日本一勝ち続けた男」はものが違う。

加藤先生のようなすごいレベルはさておき、日頃培った実力が本番で五〇％や六〇％しか出せないというのは、指導者としてとても許せる話ではない。もちろん一番悔しいのは本人である。ではどうしたらよいのだろうか。答えは、心にあった。

今から三七年も前（一九七二年）のことだが、大学で体操競技をやっていた私はほんとうに本番に弱い選手だった。大きな試合の前になると体調を崩したりケガをしたりで、思うような成績をあげられずにもがき苦しんでいた。初めて出場した全日本学生選手権では極度の緊張で頭の中が真っ白になり、次にやるべきことをすっかり忘れてしまうという失態を演じたこともある。

すべての原因は心の弱さにあることに気づいた私は、その克服に取り組むことになる。最初は心理療法の一つである「自律訓練法」を学んだ。そこでリラックスと集中、そしてイメージをコントロールする力を身につけていった。

二六歳で指導者の道を歩き始めてからは、自分の心もさることながら指導している選手たちが、試合で最高の力を発揮するためにはどうしたらよいのかを求めて、心の世界を探究していったのである。

コーチになって二年目には禅寺にこもり、一〇〇時間ほど坐禅したこともある。また一九八五年には、あらゆる精神修行法のルーツともいうべきヨーガに出会うことになる。以来二四年間、私は体操、呼吸法、瞑想といった一連のヨーガ行法を、毎朝欠かさず行い現在に至っている。

こんなことをしているうちに、あれほど貧弱だった私の心も少しずつ強くなり、いつしか人並みにはなってきたように思われる。このように最初は、自分の心の弱さをなんとかしたいと思って始めたメンタルトレーニングの勉強だった。ところがあれこれやっているうちに、心の仕組みやその取り扱い方が少しずつわかってきたのである。

その頃、私はすでにコーチとなっていた。最初はメンタルコーチではなく、体操のコーチだった。日本一を争うようなレベルの選手たち（筑波大学男子体操競技部）を教えており、選手たちの体操の技量は私をはるかに上回っていた。しかし、そんなすぐれた選手でも、やはり肝心要のときになると緊張して、いつもの演技ができないということが何度となくあった。

つまり技術レベルは違っても、私の選手時代と同じことが彼らにも起こっていたのである。そのときすでに私はメンタルトレーニングを勉強し始めてから一〇年近くが経っていた。今から考えるとかなり稚拙なものではあったが、そのいくつかを教えてみると確かに効果があった。体操競技のコーチ時代は、そうした優秀な選手たちのお陰で五年間に三回の日本一を経験することができた。

福島大学に転任してから（一九八二年）も、十数年は体操のコーチを続けていた。同時にメンタルトレーニングの研究も、とくに禅やヨーガといった東洋的な精神修行法について、学びを深めるようになっていった。

そうして歳月を重ねていくうちに、私のメンタルトレーニングに大きな変化が訪れることになる。それまでの一六年間は〝学び（インプット）〟一辺倒だったのが、一九八八年を境に〝教え（アウトプット）〟へと変わっていったのである。

そのきっかけとなったのは、駒澤大学野球部の太田誠監督との出会いである。太田監督は当時すでに大学野球界の名伯楽として知られ、教え子には数多くのプロ野球選手がいた。

ふとしたことから太田監督が、私の本の推薦文を書いてくださるということになり初めてお会いした。そこであれこれお話をしているうちに、監督が「白石さん、あなたが勉強してきたメンタルトレーニングというのを、うちの選手たちに教えてくれないか」と言われたのである。

これがきっかけとなって、駒澤大学の野球部だけではなく、太田監督の教え子である中畑清氏（当時、読売巨人軍選手）や白井一幸氏（当時、日本ハムファイターズ選手・現・プロ野球解説者）などにもメンタルトレーニングの指導をするようになっていった。それから二〇年余りが経過した。その間、野球、ゴルフ、サッカー、バスケットボール、バレーボール、新体操などのナショナルチームやプロ選手にメンタルトレーニングの指導を行ってきた。

小学校を卒業する頃、私には二つの夢があった。一つは体操選手としてオリンピックに出ること。もう一つは大学の先生になることだった。どうしてこんなことを夢見ていたかというと、当時、私のヒーローが東京オリンピックの金メダリスト（体操競技）である故遠藤幸雄氏であり、遠藤氏は日本大学の先生だったからである。

一つ目の夢にはとうてい届くことなく、私は二六歳で指導者の道に進むことになる。二つ目はなんとかかなって今に至っているが、自分がオリンピックに行くことはもう一生ないとあきらめていた。ところが一九九六年のアトランタオリンピックでは、日本女子バスケットボールチームのメンタルコーチとして、アメリカの地を踏むことになったのである。続くシドニーも新体操のメンタルコーチとして帯同した。

「目標とは、足をもった夢のことだ」という言葉がある。夢だけを持ち続けても何も起こらないが、それを実現するための方策を練り（足）、目標とすればいつかは達成できるというほどの意味であろうか。

この二〇年、私のところへはさまざまな選手が相談にやってくる。そうした選手には、本書で述べるようなメンタルテクニックを指導しトレーニングしてもらうようにしている。すると、それまで心の問題で実力を十分に発揮できずにいた選手が、まさに本番に強い選手へと変身していくのである。

中には、さらに実力の一〇〇％どころか一二〇％とも言えるような、普段の練習では見たこともないスーパープレーを演ずる選手もいる。本書の後半で詳しく述べるが、こうしたまるで神がかったようなすごい状態を、スポーツでは「ゾーン」、心理学や実業界では「フロー」と呼んでいる。

「本番に強くなる」と題した本書では、まず本番で実力の八〇〜一〇〇%が出せるようになるためのプレッシャーコントロールや自信などについて、具体的な事例と方法を述べていくことにしたい。続いて後半では、「ゾーン」とか「フロー」と呼ばれる究極の集中状態について解説し、それに至るノウハウを解説していくつもりである。

そしてそのノウハウは、決してスポーツの一流選手だけではなく、老若男女を問わず、仕事にも勉強にも日常生活にも使えるということも申し添えておきたい。

私たちの人生には、試験や試合、大勢の前でのスピーチなどここ一番という勝負所が何度となくやってくる。そうした際に、皆さんが日頃培った実力をいかんなく発揮されるようなお手伝いを本書ができたとしたら、私としては望外の喜びである。

第1章

実力発揮のメカニズム

1 銀メダルを金メダルにしたメンタルマネジメント

私がメンタルトレーニングについて学び始めたのが一九七二年、そして教え始めたのが一九八八年であることはすでに述べたとおりである。この年、私は次々とビッグな出会いを経験することになる。太田監督の紹介でプロ野球の一流選手たちを指導するようになったばかりでなく、その後の私の人生に大きな影響を及ぼす方々との多くの出会いが準備されていたのである。

「国民教育の師父」といわれた森信三氏の言葉に、「人間は一生のうち、逢うべき人には必ず逢える。しかも一瞬早すぎず、一瞬遅すぎない時に」というのがある。私が偶然にもメンタルトレーニングを指導し始めたその年に、森氏の言葉どおりのことが次々とやってきた。それは今から考えても、とても不思議な出来事だった。

駒澤大学の野球部で選手たちにメンタルトレーニングの指導を始めたのは、その年の夏のことだった。そしてその夏のある日、私はお茶の水にある「兵林館」という銃砲店を訪ねていた。射撃の経験がない私が、鉄砲を買う目的で訪れたわけではもちろんない。そのお店で、『ラニー・バッシャムのメンタルマネジメント』という全三巻のビデオを買うことができるという情報を得たからである。

ラニー・バッシャムは、ライフル射撃のオリンピックチャンピオンである。彼は一九七六年のモントリオールオリンピックで金メダルを獲得するのだが、その四年前のミュンヘンオリンピック（一九七二年）では銀メダルだった。

バッシャムは、このミュンヘンオリンピックまでは、全米選手権などでもなかなか優勝できずに、いつも二位に甘んじていた。しかし、初出場のミュンヘンオリンピックでは金メダルをめざして猛練習を積み、それなりの手応えをもって本番にのぞんだという。その時のことを彼は著書の中で次のように書いている。

「技術的には試合当日、私が世界一だったはずです。ところが、私はオリンピックの大きなプレッシャーというものを計算に入れていなかったのです。

試合が始まると私は動揺しはじめ、いつも50メートル先の直径11ミリの10点に命中させることができるのに、銃が揺れ、9点に外し続けていました。このような精神状態のまずさから一二〇発の最初の一〇発を撃ち終えた時点で、勝負は決まっていました。この時はもう何もかもおしまいだと絶望しました」

オリンピックという初の大舞台でプレッシャーにつぶされ惨敗したバッシャムの胸に、アメリカに帰ってから猛烈な悔しさがあふれてきたという。銀メダルに終わった原因が、自分の心にあることを突き止めたバッシャムは、次の行動に出る。翌一九七三年には、アメリカじゅうの心理学者を訪ねて回った。それはちょうど、私がメンタルトレーニングを始めた時期とも重なっている。

しかし、バッシャムの期待とは裏腹に、一年間の心理学者詣ではほとんど徒労に終わることになってしまった。今から三五年以上前には、オリンピックの銀メダリストを金メダリストにしてくれる方法を教えてくれる人は、アメリカといえどもいなかったというわけである。

どうしたものかと思い悩んだバッシャムは、次の行動に出る。一九七四年になると彼は、自分の専門のライフル射撃だけではなく、アメリカがこれまで生んだいろいろな種目のオリンピックチャンピオンたちに、金メダルを取れた秘訣を聞いて回るということをし始めた。

「チャンピオンになりたければ、すでにチャンピオンになっている人から学べばいい」というわけである。〝モデリング〟という方法だが、このとき彼もこれを選択した。この選択によって、バッシャムは金メダルへの道を拓くことになる。

もちろん広いアメリカなので、直接会って話を聞くばかりでなく、電話で話したり、手紙を出したりしたという。どんな場合も質問は同じ。「あなたは、どうやってオリンピックチャンピオンになったのですか」だった。

そうやって一年がかりでチャンピオンになる秘訣を聞き出したバッシャムは、そこに共通する一〇の項目を見出し、独自のメンタルマネジメント理論としてまとめあげる。もちろん、それは理論書を書くためではない。モントリオールオリンピックで、自ら金メダルを取るためにである。

当時（一九八八年）、世界各国のメンタルトレーニングに関する情報を集めていた私のアンテナに、ちょっとした偶然でラニー・バッシャムという名前が引っかかってきた。今ならGoogleやYahoo!を使ってネット検索すれば、たいていのことは調べられる。一九八八年というのは、アメリカで商用のインターネットサービスが開始された年でもある。しかし、日本でのインターネットの利用が本格化するのは一九九〇年代半ばのことであり、ネット検索ができるようになるのは一九九五年にヤフー・コーポレーションが設立されて以降のことである。したがって、当時、自分が知りたい情報を集めるというのは、並大抵のことではなかったのである。

そんな折りに、日本ライフル射撃協会からラニー・バッシャムのメンタルマネジメントの講演録が出されているという情報が私のアンテナに引っかかってきた。東京・渋谷にある岸記念体育館内の日本ライフル射撃協会でその本を購入した私は、さらにバッシャムの著作とビデオが発売されているということを知った。そこでその著作とビデオを買いに行った先が、前述の銃砲店だったのである。

突然、訪ねていった私にていねいに応対してくれたのが、当時のそのお店の社長であり、またバッシャムの本とビデオの翻訳者でもあった藤井優さんだった。この時から、藤井さんとはもう二〇年余りのおつきあいが続いている。藤井さんは、ご自分もライフル射撃の日本チャンピオンになったことがある。さらに後には、シドニーとアテネの両オリンピックで、日本のライフル射撃チームの監督も務めるようになる人だった（二〇〇八年からは、日本ライフル射撃協会副会長）。

本とビデオを買って、ひとしきり藤井さんと話をしていると、秋にバッシャムを呼んで、メンタルマネジメントのセミナーをやるので参加してはどうかと言っていただいた。こうして私は、バッシャムのメンタルマネジメント理論を直接、彼から勉強することができたのだった。

2 勝者はなぜ勝つのか

来日して演壇に立ったバッシャムは、こう語り始めた。

「競技には参加する人と勝つ人がいます。そして参加者のうちのほんの五%の人たちが、すべての勝利の九五%を手に入れてしまうということを皆さんは知っていましたか。五%の勝利者は、どこが違うのでしょうか。勝者とそれ以外の人の違いは、たった一つしかないと私は思っています。それは〝考え方〟です。

もちろん、勝つつもりになれば誰でも勝てると言っているわけではありません。ただ、勝つつもりでなければ、勝つ可能性ははじめから無いということです。

私たちが何かをやろうとする時、〝意識〟、〝下意識〟、〝セルフイメージ〟という三つの精神活動が関わっています。これらがバランスよく働いているとなんでも楽にで

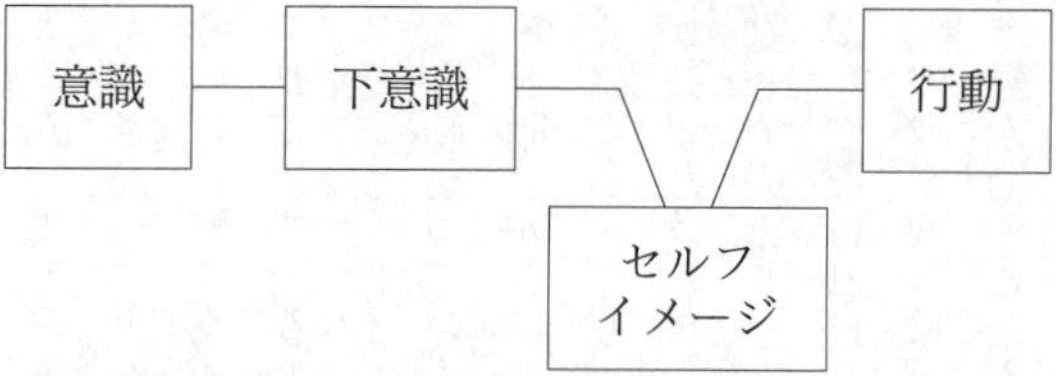

図①　メンタルマネジメントの要点

きてしまいます。私がモントリオールオリンピックで勝った時も、実にやすやすと勝つことができました。それは私の中で、この三つの精神活動のバランスがうまくとれていたからです」

バッシャムによれば、〝意識〟、〝下意識〟、〝セルフイメージ〟の働きをよく理解し、一つひとつの可能性を十分に引き出すとともに、三つのあいだのバランスを保つことがメンタルマネジメントの要点だというのである。

彼はホワイトボードに図①を描きながら、それぞれを説明してくれた。

私たちが何か新しいことを覚えようとするときには、まず〝意識〟して練習しなければならない。たとえばゴルフクラブでボールを打つときのことを考えてみていただきたい。最初から完璧なゴルフスイングができて、ボールをかっ飛ばす人などいるわけがない。

クラブの握り方に始まって、バックスイング、ダウンスイング、インパクト、フィニッシュまで意識して覚えなければならないことはたくさんある。しかし、そんなにたくさんのことを一つずつ意識しながら行動しようとすれば、ぎこちなくなってしまうのは当然である。最初は意識をフルに働かせて覚えようとしなければならないが、それではまだ初心者の域を出ない。

それが何度も何度も繰り返し練習しているうちに、いちいち意識しなくてもできるようになっていく。それをコントロールしているのが〝下意識〟である。ここまでくると動きがとてもスムーズになって、ゴルフだったらポンポンとボールを飛ばせるようになる。下意識が技術を動かすレベルとでも言ったらよいだろうか。

練習だけならここまででいいかもしれない。しかし、プレッシャーがかかってくる試合で安定してできるためには、そうすることが自分らしいという〝セルフイメージ〟がなければならない。

バッシャムは、私たちの行動をコントロールするこの三つの精神活動をバランスよく働かせることが、本番で実力を十分に発揮できるコツだと気づき、以下のようなメンタルマネジメントの一〇の原則を説いたのである。

1　「意識」の第一原則——「意識」は一度に一つのことしか考えることができない。

2　「意識」の第二原則——あなたが何を言うかは、さして問題ではない。重要なのはあなたが他の人に何を思い出させるかである。

3　「下意識」の第一原則——すべての精神の力の源は「下意識」の中にある。

4　「下意識」の第二原則——「意識」がイメージを描くと、「下意識」の力はそれを実行させる方向にあなたを動かしてしまう。

5　「セルフイメージ」の第一原則——「セルフイメージ」と実行行動は常に一致する。自分の行動や成績を変えたかったら、まず「セルフイメージ」を作り変えなければならない。

6　「セルフイメージ」の第二原則——あなたは今の「セルフイメージ」を、自分の望む「セルフイメージ」と取り換えることができる。そしてそれにより、自分の行動や成績を永久に変えてしまうことができる。

7　バランスの原則——「意識」と「下意識」と「セルフイメージ」のバランスが

とれてうまく協調していれば、実行することも成果を上げることもやさしい。

8 補強の原則——起こることについて考えたり話したり書いたりすればするほど、そのことが起こる確率は大きくなる。

9 水準の原則——まわりの水準によって自分の水準が上下する。

10 価値の原則——ありがたみは支払った価値に比例する。

3 勝つことの秘訣

(1) トライアード状態

以上の一〇の原則を細かく説明した後で、バッシャムは「勝つことの秘訣」というテーマで〝トライアード状態〟について話し、セミナーを終えたのだった。

〝トライアード状態〟というのは、〝意識〟と〝下意識〟と〝セルフイメージ〟の三つのバランスがとれてうまく協調しているときのことである。こうなるとたいていのことはやすやすとできてしまう。

射撃選手がトライアード状態に入ると、〝意識〟は10点を取ることに完全に集中する。そして引き金を引くまでの一連の技術的なことは、すべて〝下意識〟がコントロ

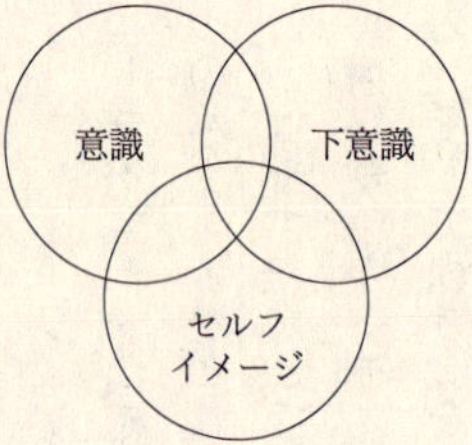

図②　トライアード状態

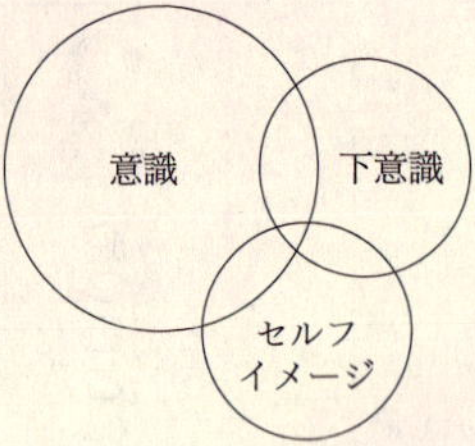

図③　初心者のつまずき

ールし、さらに「的のど真ん中を打ち抜くのが私らしいという〝セルフイメージ〟に後押しされて、当たり前のごとく10点を取るというわけである。

このようなトライアード状態は、図②のようなモデルを使って示すことができる。

このモデルではすべての活動が同じ大きさになっており、そこにトライアード状態が出現している。こうなるとどんなにプレッシャーがかかっていようと関係ない。結果はすべてうまくいく。しかし現実には、これら三つのバランスは取れていないことの方が多く、そういう時には次のような結果になりがちである。

(2) バランスを失った状態

① 初心者のつまずき（図③）

何か新しいことを始める時には、まず〝意識〟を十分に

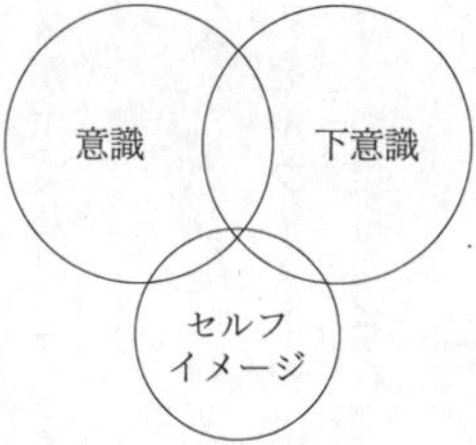

図④　どうしても
勝てないベテラン選手

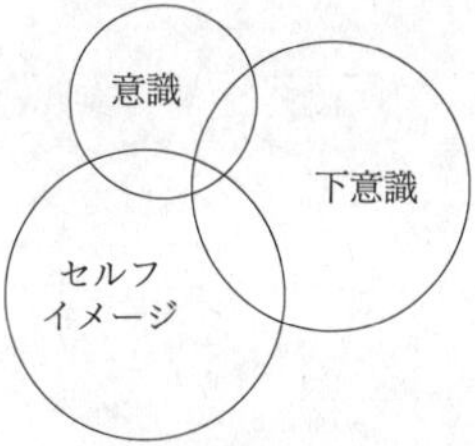

図⑤　下意識型ガンマン

働かせていなければならない。しかし、まだ練習が不足しているので〝下意識〟の大きさは小さい。さらに〝セルフイメージ〟も「初心者だからできなくて当然」と思っているので、これまた小さい。

②どうしても勝てないベテラン選手（図④）

この場合は、長年トレーニングを積み、技術的には十分に熟練している（〝下意識〟は十分）。毎日の練習をしっかりやるだけの〝意識〟も十分にある。つまり「勝つ」という意欲はある。しかし、何かの理由で「私は試合になるといつもミスをしてしまう」というように〝セルフイメージ〟が萎縮していることがある。こういうタイプは、練習の時にはとてもいいのだが、本番になると力が出せない。いわゆる「稽古場横綱」、「ブルペンエース」などである。よい成績を上げるためには〝セルフイメージ〟の改善が必要となる。

③　下意識型ガンマン（図⑤）

このタイプの人はトレーニングも十分積んでおり、十分な〝セルフイメージ〟も持っている。しかし残念なことに、自分のやることに意識を集中することができない。銃を一発撃つたびに銃口を吹くくせのある、西部劇のガンマンのようなタイプである。ある時フッと吹くつもりがつい引き金を引いてしまって死んでしまうようなガンマンである。自信も実力も十分あるのに、試合になるとケアレスミスが出て負けてしまうというのが、このタイプの典型である。

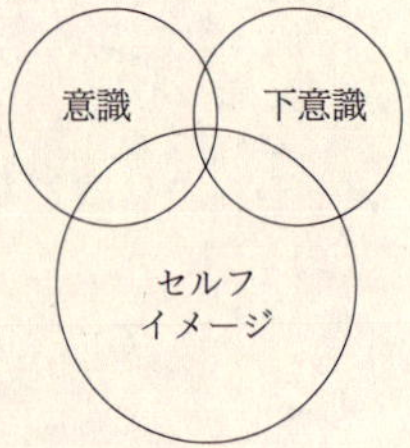

図⑥　自惚れ屋

④　自惚れ屋（図⑥）

セルフイメージは大きくなければならないが、〝意識〟的な集中もできず、〝下意識〟に裏打ちされた卓越した技術もないのでは、ただの自惚れ屋ということになる。

こうしてバッシャムの六時間ほどのセミナーが終わった。バッシャムの話は、それまですでに一六年間メンタルトレーニングの勉強をしてきた私にとっても、とても興味深く新鮮なものだった。なにしろオリンピックで金メダルを獲得する道程の中で、バッシャムが編み出した方法であり、そこで紹介されたやり方は、その日からでも始められるとても実践的なものばかりだった。

その中でも特に私の興味を引いたのは、〝セルフイメージ〟を変える方法だった。

「成績の大きさは自信の大きさと比例する。そして自信の大きさはセルフイメージの大きさと比例する。したがって良い成績をおさめたければ、それにふさわしいセルフイメージをまず持つことだ」とバッシャムは言った。詳しくは第4章で述べることになるが、バッシャムのこの自信についての考え方を導入することで、その後、何人もの選手が自信の喪失や自信のなさから立ち直り、すばらしい活躍をするようになる。

しかし、時間の関係もあったのだろう。この時バッシャムは、意識集中の方法やイメージの使い方、あるいは感情コントロールなどについては、ほとんど述べることはなかった。また、彼の本やビデオでもこうしたことへの記述はやはり少ない。

その後、私はアメリカやイギリスのメンタルトレーニングに関する本を翻訳し、出版するようになる。その中で共通して出てきたのが、メンタルスキルという考え方だった。

4 メンタルスキルをチェックする

大勢の観客、応援団、そして歓声、拍手。試合のグラウンドは普段の練習場にはない光景や音に包まれ一種異様な世界をつくり出す。こうした強いプレッシャーの中でも、日頃の実力を十分に発揮できるようなタフな精神力を、合理的かつ計画的に向上させるための方法がメンタルトレーニングである。

昔のように、「精神力＝根性」と言われていた時代には、苦しい練習に耐えることだけがもっともよい心の鍛え方とされていた。しかし、最近ではメンタルトレーニングの研究もずいぶん進み、事情は変わってきた。

よく選手たちから、「技術や体力と同じように、精神力だってトレーニングすれば強くなるとは思うのですが、具体的に何をどうすればよいかがわからないんですよ」

と言われることがある。確かに精神的なものは技術や体力などと違って、数字や映像でそのトレーニング成果を確認することが難しい。

たとえば体力トレーニングの場合には、まず体力を筋力、持久力、柔軟性、敏捷性などといった要素に分けて細かな測定や評価を行い、その結果に応じて具体的なトレーニングプログラムが処方される。最近ではメンタルトレーニングでもこれと同じように、トレーニング対象となる心の力をメンタルスキルという要素に分けて評価し、具体的なトレーニング方法を講じるような方向に進んできている。

さて、これまで述べてきたスポーツの事情を仕事や勉強(受験)に当てはめて考えてみていただきたい。仕事も勉強もたくさんの知識が必要である。もちろんそれを支える健康な体もいる。しかし、それだけでは重要なプレゼンテーション、スピーチ、試験、面接などをうまくこなすことはできない。

つまり、「やる気」、「自信」、「集中力」、「冷静さ」などのメンタルスキルは、どんな人でも備えておかなければならない大切な心の資質なのである。

さて、私がメンタルトレーニングの指導をする場合には、まず以下の八つのメンタルスキルをチェックする。この八つのスキルは、スポーツに限らずビジネスでも勉強でも、高い成果を上げるためには誰にでも必要な力なので、みなさんも一度セルフチェックしていただきたい。

以下の説明にしたがって、それぞれ10点満点で自己評価する。できればその理由も簡単に書いておくとよい。たとえば、「意欲は10点（最近やることなすことうまくいって、仕事が面白くてしかたがない）」とか、「集中力6点（ときどき調子に乗りすぎて、ケアレスミスをしてしまうことがよくある）」などと書き添える。

(1) 意欲

今日（今週）のやる気はどうだろうか。朝起きたときにその日の仕事や練習のことを思い浮かべてみよう。イメージしただけでワクワクして飛び起きるようなら10点。憂鬱になってまた布団をかぶるようなら1点という具合である。

(2) 自信

今日（今週）の自信はどうだろうか。自信にあふれていれば10点。自分のプレーや行動にまったく自信が持てないなら1点。

（3）感情コントロール能力

どんな状況でも冷静沈着に対処できるなら10点。些細なことでイライラしたり、落ち込むようなら低い点数となる。「キレる」、「イラつく」、「ムカつく」などがよく感じられる人は、1、2点がいいところである。

（4）イメージ想起能力（視覚化）

プレゼンやスピーチ、試合や試験などの場面の鮮明なイメージがリアルに思い描けるなら高得点。目を閉じて何かをイメージしようとしても何も浮かんでこない人は1点。

（5）集中力

何かをやるときに、そのことに完全に没頭できる人は得点が高い。逆に頭の中でいつもいろいろなことが雑多に浮かんで能率の悪い人は得点が低い。またケアレスミスが多いと指摘される人も同様である。

(6) リラクゼーション

プレッシャーのかかる場面でも、心も体も意図的にリラックスできるなら高得点。逆にすぐに緊張して硬くなる人は得点が低い。

(7) コミュニケーションスキル

自分の考えを、相手がよくわかるように伝える力である。これには話の内容だけではなく、話し方、つまり声や表情、姿勢などのすべてが含まれる。何かを伝えた結果、相手がそのように動いたり応えてくれるようなら高得点。言っても言っても反応無しなら低得点。これだけ言っているのに、どうしてやってくれないのだという人がいるが、それはこのスキルが低いと考えた方がよい。

(8) セルフコミュニケーションスキル

コミュニケーションは他人とばかりではない。あらゆる場面で、私たちは自分とも話している。どんな苦しい時でも自分を励ましたり、誉めたりできる人は高得点。逆に「どうせ僕（私）なんか……できない」などとネガティブに語りかける人は得点が低い。

心の力の自己評価はいかがだっただろうか。図⑦は、自分の持っているスキルや状態をチェックするのに使われる「人生の輪」と言われるものである。この八つの領域に前述したメンタルスキルを入れたものが図⑧である。この図のように、最高点を10点とし、自分でそれぞれ何点かを採点して各領域を塗りつぶしてみると、現在の自分の心の強さが一目瞭然となる。

ちなみに「輪」は、丸くなければ回らない。例えば「意欲」と「自信」は最高点の10点でも、「感情コントロール能力」と「セルフコミュニケーションスキル」が2点という図⑧は、「心の輪」としては、うまく回ってくれない。

こうしてメンタルスキルのチェックが終わったら、本番に際してスムーズに回る「心の輪」になるように、へこんでいる領域を高めるトレーニングをすることになる。これがメンタルトレーニングであり、したがってどの領域を強化するかは人によって違う。

図⑦　人生の輪

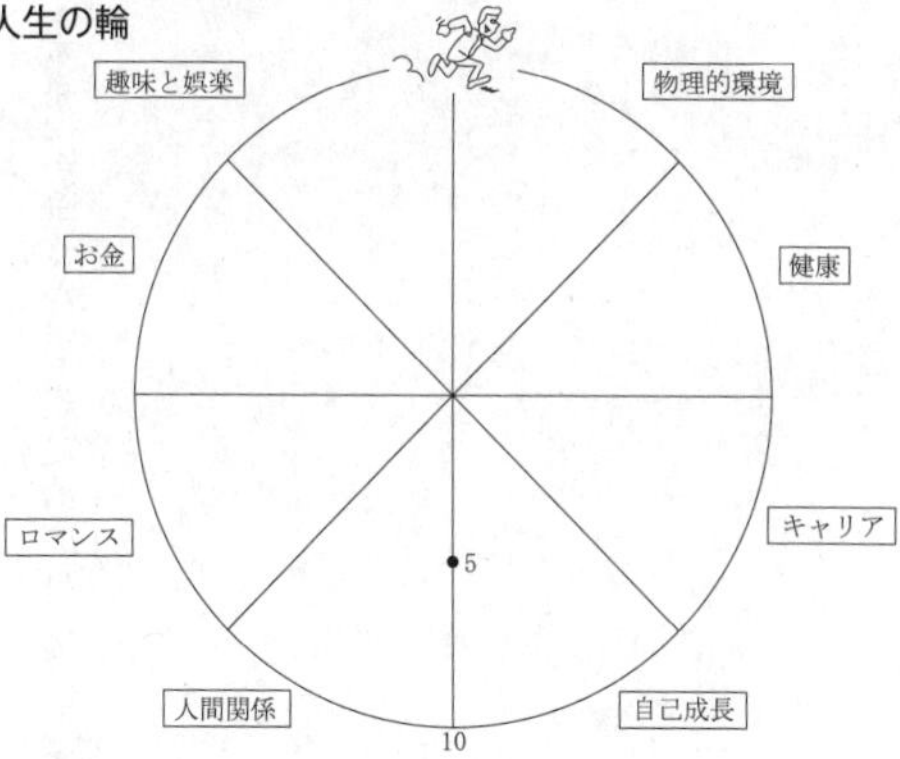

出典：ジョセフ・オコナー『ＮＬＰでコーチング』チーム医療　2006

図⑧　メンタルスキルの輪

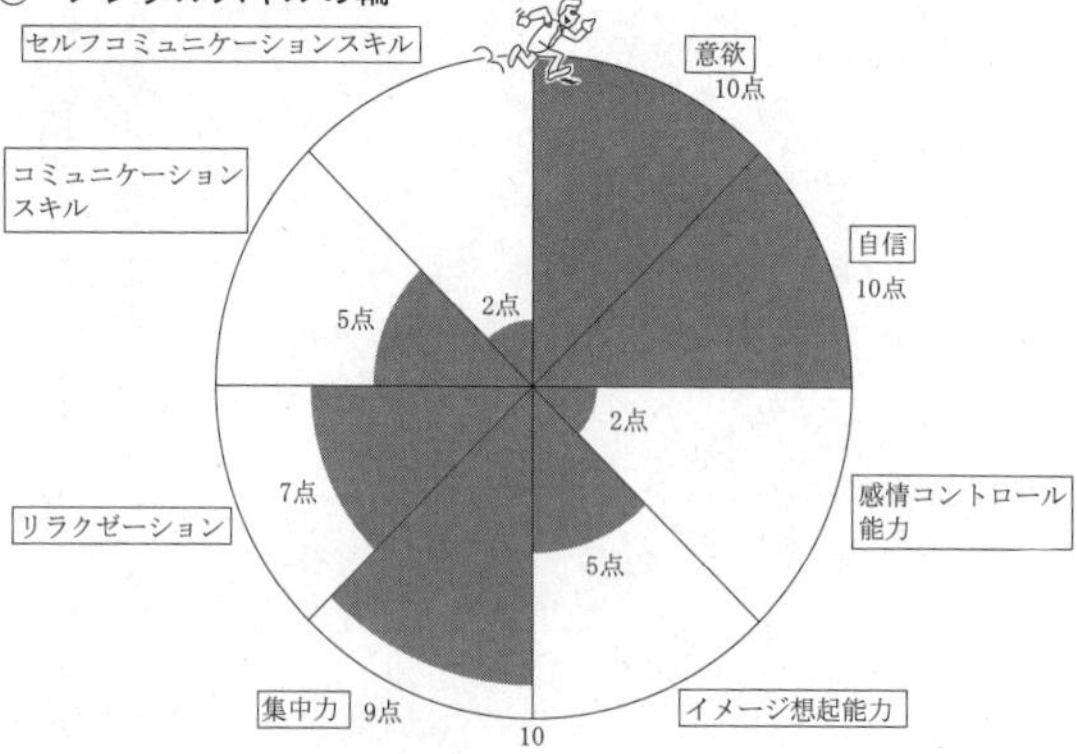

ただし強化する方法は、この十数年のあいだに世界各国で数多く開発されてきているので、それを使えばよい。次の章からは、私のこれまでの指導事例を交えながら、「本番に強くなる」ための具体的な方法を述べていくことにしたい。

第2章

プレッシャーとどう戦うか

1 プレッシャーとは何か

〝プレッシャーにつぶされてしまった〟とか、〝プレッシャーのために思うように体が動かなかった〟などという言葉をよく聞く。このような場合のプレッシャーというのは、精神的な重圧のことを意味している。確かにこれにうまく対処できないと、日頃から培った実力を十分に発揮できないために、ミスや敗北など悔しい思いにつながることになってしまう。

こうしたプレッシャーの原因には、試合や試験、舞台での演技や歌、大勢の前でのスピーチや重要な商談など、失敗が許されない局面に立たざるを得ないということがある。また、上司や先生、監督やコーチ、あるいは親などに対して、ある種の威圧感をいだいている場合などもある。

プレッシャーがかかってくると、私たちの心や体にさまざまな反応が出てくる。私は大学の授業や講演会などで、「プレッシャーを感じると、体にどんな反応（生理反応）が出てきますか」とよく質問する。するとまたたく間に、一〇以上の答えが返ってくる。

たとえば、脚が震える、手足が冷たい、反対に頭がポーッと熱い、筋肉が硬くなる、視野が狭くなる（視野狭窄）、心臓がドキドキする（心拍数の増大）、唇がかわく、お腹が痛くなってトイレに行きたくなる（過敏性大腸症候群）、吐き気がするなどいろいろである。

こうした生理反応は、初心者や新人だけに起こることではない。経験豊富なベテラン選手でも、ひとたび戦う環境やレベルが変われば、やはり同じような事が起こる。このポイントを取ればチャンピオンになれるとか、高額賞金がもらえるというような緊迫した状況になれば、やはり強いプレッシャーを感じて同じような生理反応が起こるのである。

かつてオリンピックなどで実力が十分に発揮できない日本選手に対して、「日本人はプレッシャーに弱い」と言われた時代があった。しかし、それは誤りである。たとえば二〇〇八年の北京オリンピックで、前の年の世界チャンピオンや世界記録保持者が必ず金メダルを取れただろうか。

日本人ばかりに注目してテレビを観ていると、過剰な期待とあいまって、つい「日本選手は心が弱いのではないか」と思いこんだりしてしまう。しかし、冷静に各競技の内容を見ていけば、「勝つべくして勝った」と自ら言う選手というのは、ほんとうにごくわずかしかいない。

たとえば、平泳ぎの北島康介選手の二種目でのオリンピック二連覇は、みごとというより他はない。アテネオリンピックに勝った瞬間、北島選手は「チョー、気持ちいい」と叫んだ。この言葉は、後にこの年の流行語大賞となる。

しかし、今回はどうだっただろうか。一〇〇mで勝利した北島選手は、マイクを向けられてもしばらく言葉を発することができなかった。そして、しぼり出すように「何も言えねえ」と言うと、あふれ出る涙をぬぐうのがやっとだったのである。

あの涙にこそ彼の四年間の苦しみと、前日に誕生した新しいライバルから受ける重圧にさいなまれた長い一日の苦闘があらわれている。北島選手はこの四年間、オリンピック二連覇のためにあらゆることをやってきたに違いない。だからこそ、「勝っためにすべてのことはやってきた。その結果、幸い勝つことができた」とは言うだろう。しかしやはり、「勝つべくして勝った」とは言わないと思う。

北島選手のように大変な重圧に打ち勝って連覇を遂げるという事例は、きわめて希だと考えた方がよい。日本選手に限らずどの国の選手でも、オリンピックのプレッシャーに押しつぶされて、実力を十分に発揮できないまま北京を去った選手は多い。

各国のトップアスリートですらそうなのだから、われわれ凡人はあきらめるしかないのだろうか。いやいや、そんなことはない。なぜなら、人にはその人の身の丈に応じたプレッシャーがかかってくるのであり、それに上手に対処できれば自分なりに満足のいく結果が出るものだからである。

2 プレッシャーをなくすのではなく、対処の仕方を学べばよい

ところが、たいていの人はプレッシャーを嫌がる。私も体操の選手をしていた頃は、プレッシャーがかかってきたときのあの重苦しい感じが大嫌いだった。しかし、嫌っていたから本番に弱かったということに、選手をやめてから気づくようになった。スポーツ選手という意味では後の祭りだが、それを現役のスポーツ選手や一般の方に伝えることができれば、その人たちは私のような失敗をしなくてすむ。そんな思いでこの二〇年間メンタルコーチをやってきた。そして、これがけっこううまくいったのである。

プレッシャーは、何ごとかを真剣にやろうとすれば感じるほうがむしろ当たり前である。ときどきスポーツをやっている中学生や高校生に講演をしていて、「これまで

にプレッシャーを感じたことがない人はいますか」とたずねたりする。するとたまにだが、手を挙げる子がいる。

「君はそのスポーツでどのぐらいのレベルの選手ですか」と再度聞いてみると、たいていは試合に出たことがないという子が多い。またあっても小さな試合に出ただけで、レギュラーでもないという場合もかなりである。つまり、まだプレッシャーを感じるまでにも至っていないということである。

私たちは何ごとかに臨んだときに、「闘う」か「逃げる」かのいずれかをとるしかない。よく言われる「闘争」か「逃走」かの二者択一である。もしもいつも逃げていれば、プレッシャーなどかかってはこない。しかし、それでは何も得ることはできないのである。

こんなことがだんだんわかってくるうちに、選手時代にあんなに嫌だったプレッシャーが、今度はないと困るというようになってきた。そこそこプレッシャーがあった方が、おもしろい人生だと思えるようになっていったのである。

私の好きなテレビ番組の一つに、『プロフェッショナル　仕事の流儀』がある。二〇〇六年に『プロジェクトX』の続編のような形でスタートしたこの番組も、二〇〇八年一〇月二八日の放送で一〇〇回目を迎えた。毎回、各界のプロフェッショナルたちが登場し、その卓越した活動が映像で紹介される。それに加えてプロたちが、脳科学者である茂木健一郎氏とスタジオで対談することで、そのプロフェッショナルたる所以がさらに明らかにされていくという番組である。

一〇〇回記念のタイトルは「プロに学べ、脳活用スペシャル」だった。そこでは一〇〇回の放送の中から、茂木さんが厳選したスペシャルプロフェッショナルたちの秘訣が、三つの切り口で紹介された。一つ目は「アイデア発想法」、二つ目は「プレッシャーの克服法」、そして三つ目は「モティベーション」だった。

一〇〇回分のエキスが凝縮されたような番組はじつにおもしろく、あっという間に四五分が過ぎてしまった。

かいつまんでそれぞれの共通項目を挙げれば、以下のようである。

「アイデア発想法」についてのプロたちの共通項目は、なんと〝寝る〟ことだった。登場したのは古澤明（科学者）、浦沢直樹（漫画家）、宮崎駿（映画監督）である。このことについて茂木さんは、脳科学の立場から〝寝る〟ことがいかに発想を引き出すかについてまず説明した。その後で、さらに第一に〝とことん考えてから、寝る〟、第二に〝考えごとは場所を選べ〟という二つの具体的なポイントを挙げた。

続いて、「プレッシャーの克服法」で登場したのは、藤澤和雄（競馬調教師）、秋山咲恵（ベンチャー経営者）、羽生善治（棋士）、加藤博義（テストドライバー）である。茂木さんは彼らに共通していたのは、〝苦しいときにも、あえて笑う〟ということであり、これもまたすでに脳科学的にその効果は十分に説明できるとドイツの研究結果を紹介した。

さらにプレッシャーについて、全国の視聴者から寄せられた質問のうちでもっとも多かったのが、「いざ本番というときにかかってくるプレッシャーを、どう克服するか」というものだった。

これについても、坂東玉三郎（歌舞伎役者）、寺門嘉之（海上保安官）、森公博（ヘリコプターパイロット）らに共通する言葉に〝スイッチが入る〟というのがあると指摘した。〝スイッチが入る〟という意味は、いざというときに脳が集中できるようになるために、プレッシャーがあってもパフォーマンスが発揮できるということである。

つまり、集中モードに切り替わるということなのだが、本来そうした切り替えは前頭葉が行っているために、意図的には難しいとされてきた。

しかし、茂木さんは多くのプロたちは、次のようなことをして意図的に集中モードにアクセスしているという。それは〝本番前の決まり事をつくる〟ということである。この事例としては、佐野俊二（小児心臓外科医）、そしてイチロー（プロ野球選手）らが、手術やプレーに入る前に決まり切った一連の手順を踏んでいくことで、集中モードのスイッチが入るようにしていると説明している。

これはスポーツ界では、プリショット・ルーティーンとか、プリプレー・ルーティーンなどと呼ばれており、すでに一九八〇年代にはメンタルコントロールの重要な要素として、トレーニングメニューに組み込まれていたものである。

最後に、「モティベーション＝やる気」については、〝目標を達成し、達成感やお金などの報酬を得ようとする欲求のことだ〟と定義した。その上でやる気が出ないというのは、目標か報酬に問題があるからだと説明した。そしてまず、目標がないとか、はっきりしないからやる気がでないというケースについては、〝あこがれの人を持つ〟という方法を提案した。

プロたちの多くが、自分が今あるのは〝良き師匠との出会い〟にあると言っている。

杉野英実（パティシエ）、上山博康（脳神経外科医）らの映像にそれを見ることができた。とくに上山医師が「伊藤先生（恩師）ならどうしたかなと、自分で迷ったときは天を見上げて考えていました」と語っていたのは、とても印象的だった。なぜなら私自身が、そうしたことをしょっちゅうやっているからである。

最後に、目標はあるが報酬がないのでやる気が続かないという問題については、〝小さな成功体験を大切にする〟という方法を提案している。

さて、この番組の中で各界のプロフェッショナルたちが共通して述べていたように、どんなレベルでもプレッシャーがなくなるなどということはない。たとえば、ある高校生が、一年生のころは県大会でも実力の半分も出せずに負けていたのが、二年生になると優勝するようになり、県内なら王様みたいな顔をして試合ができるようになったとしよう。

ところがこの選手を全国大会に連れて行くと、十分上位に行けるはずなのに、まるで借りてきた猫のように小さくなってしまって、一回戦敗退などということがよくある。その選手がさらに力をつけて、三年生でインターハイチャンピオンになったとしても、その次にはアジア、そして世界が待っているわけである。それぞれのレベルでさらに強いプレッシャーがかかってくる。レベルが上がれば上がるほど、プレッシャーもまた大きくなるというのが当然なのである。

3 外的プレッシャー克服法

ステップ1 「おう、来たか」と言ってみる

プレッシャーがかかってくると、私たちの心や体にさまざまな反応が出てくるということは、すでに冒頭で述べた。脚が震える、手足が冷たい、反対に頭がポーッと熱い、筋肉が硬くなる、視野が狭くなる（視野狭窄）、心臓がドキドキする、唇がかわく、お腹が痛くなる、吐き気がするなどである。

プレッシャー克服法の第一ステップは、こうした反応が自分の体に現れたら、まず「おう、来たか」と言ってほしいのである。もちろん、必ず「おう、来たか」と言わなければいけないわけではない。「来た、来た」でも「いらっしゃい」でもかまわな

い。

プレッシャーによって先ほどのような生理反応が起これば、たいていの人は「うわー、どうしよう」とうろたえてしまう。ところがそう言わずに、「おう、来たか」と言えば、それだけでプレッシャーを一歩突き放して客観的に見ることができるようになる。そんな簡単なことで変われるものかと思うかもしれないが、この効果は抜群である。

私の子どもの頃は、「巨人、大鵬、卵焼き」が定番だった。野球は巨人、相撲は大鵬、食べ物は卵焼きが子どもの大好物だというのである。中でも長嶋茂雄選手（現・読売巨人軍終身名誉監督）の人気は絶大だった。とにかくめっぽう勝負強かった。初の天覧試合でのサヨナラホームランを筆頭に、大舞台での強さは多くの野球ファンをとりこにした。私も野球少年だったので、長嶋さんの活躍に胸を躍らせながら見ていたものである。

読売新聞の連載に「時代の証言者」というコーナーがある。二〇〇六年には、そこに長嶋さんが登場した。その第一六回目に、長嶋さんをして〝生涯のベストシーン〟と言わしめた初の天覧試合でのサヨナラホームランのことが次のように書かれている。

天覧試合で長嶋が放ったサヨナラホームランは人々の記憶に刻まれた（1959年6月25日、後楽園球場・読売新聞社提供）

「忘れもしません、六月二五日、後楽園での阪神戦に天皇陛下（昭和天皇）、皇后陛下（香淳皇后）を迎えて初めての「天覧試合」が行われました。四月には皇太子殿下のご成婚がありまして、その喜びもさめやらない中、今度は陛下がプロ野球をご覧になるというんですから、興奮と緊張で前夜はなかなか寝つけませんでした。当時、東京・野沢の川上（哲治）さんの家の近くに下宿していましたから、川上さんの車で球場入りしました。水原監督は風呂で体を清めてきたといいますし、応援のカネ、タイコも禁止でね、球場全体が異様な雰囲気の中で試合は始まりました。

《巨人が藤田元司、阪神が小山正明の投げ合いで始まった試合は、阪神が一点を先取、長嶋が小山から同点本塁打。逆転、

また逆転のシーソーゲームは、七回に王が同点本塁打を放ち小山をKO。4—4の場面で、マウンドには村山が上がる》

われわれもよく打ったし、阪神もよく打った。いいゲームでした。そして九回裏。先頭打者で私がボックスに入りました。カウントは2—2。インハイの球。見逃せばボールです。だけど、好きな高めですからね。迷わず振りぬいたらボールは夜空をレフトスタンドへ一直線。二塁、三塁、ホームへと回りながら背中がぞくっとしましたね。他のゲームでも劇的なホームランは打ちましたが、このサヨナラホームランだけは、うれしさが違いますね。生涯のベストシーンです。」（読売新聞　二〇〇六年六月二九日付）

この記事からもわかるように、長嶋さんはあきらかにプレッシャーをエネルギーに変えている。だからプレッシャーが大きければ大きいほど、長嶋さんは燃え上がることができたというわけである。まさに〝燃える男〟の面目躍如といったところであろうか。

ステップ2　プレッシャーの正体を見きわめる

プレッシャー克服法の第二段階として、ぜひやっていただきたいのが、プレッシャーの正体を見きわめるということである。

私が子どもの頃、たまに田舎の家に泊まったりしたときに、夜中にトイレに行くのがとても怖かったことをよく覚えている。今ではそんな所はもうないだろうが、当時の田舎の家はとても広く、おまけに暗い廊下を通ってトイレまで行かなくてはならなかった。廊下の先に、白いものがボッと浮かんだりすると、もういけない。ところがお婆ちゃんに後ろから懐中電灯で照らしてもらうと、それがただの白い手ぬぐいだとわかり、とたんに恐怖心はなくなってしまう。「幽霊の正体見たり枯れ尾花」とは、まさにこのことである。

要するに、明るくて正体がはっきりしていれば怖くもなんともないが、暗くてなんだかよくわからないと怖くて仕方がないというわけである。心もこれと同じで、心の中が暗くてよくわからないから怖いのである。

そうした恐怖心から抜け出すためには、暗い心に明かりをともしてやらなければならない。照らしてやるのは、マッチの明かりかもしれないし懐中電灯かもしれない。しかし、いずれにしても何かしらで心の中を照らしてやると、「なんだ、こんなつまらないことで悩んだり、苦しんだりしていたのか」ということがわかってくる。

プレッシャーの場合には、プレッシャーそのものに明かりを照らして、その正体を見てやればいいということになる。そうして見てやれば、プレッシャーには、二つしかないということがわかってくる。つまり、外から来るプレッシャーと、自分が内から生み出すプレッシャーの二つである。

外から来るプレッシャーには、いろいろなものがある。まず、日常と本番は場所が違う。いつも練習しているところと試合場は違うし、いつも勉強している教室と試験場もまた違うはずである。

次に移動の問題がある。つまり本番の会場には、車や電車、あるいは飛行機に乗って移動しなくてはならない。場合によっては、地球の裏側まで行かなければならないことだってある。

それから天気も、晴れ、曇り、雨、雪などいろいろだし、風が吹くこともある。気温も暑かったり寒かったりする。さらには、施設のコンディション、観衆や聴衆の多い少ない、不公平な判定など、こうしたさまざまなことが本番では私たちの心を揺さぶってくる。

また、もう一つ自分でつくり出してしまう内側からのプレッシャーもある。たとえば、事に臨んで「勝ちたい」とか「うまくやりたい」とは誰もが思う。しかし、その裏返しに「負けたらどうしよう」とか「失敗したら格好悪い」とも思うものである。こうした成功への期待や失敗不安が入り交じって、内側からも私たちの心は揺さぶられる。

外と内、これが本番で私たちの実力発揮を妨げるプレッシャーの正体である。こうしたことを理解したところで、プレッシャー克服法の第二ステップに移ることにしよう。それは感じているプレッシャーの正体を見きわめるということである。

具体的には、すでに述べたようなプレッシャーによる生理反応が感じられたら、それは外からかそれとも内からなのか、あるいは両方かと自問自答してみるのである。つまり、私（僕）の体を硬くしたり、心臓をドキドキさせているのは、場所や天気、あるいは観衆などといった外的プレッシャーなのか、それとも自分が勝手に生み出しているものなのかを自分に問い、その正体を見きわめればよい。

第1ステップの「おう、来たか」でプレッシャーときちんと向き合い、続いてこの第2ステップで、「内か外か」と自問自答することで、さらに客観的にプレッシャーを見ることができるようになる。

ステップ3 「みんな、いっしょや」と言ってみる

ここまできたら、まず外からのプレッシャーを処理してしまうことにしよう。これがプレッシャー克服法の第3ステップとなる。すでにおわかりのように、場所、施設、移動、天気、気温、聴衆（観衆）、判定などといった外的なプレッシャー因子は、そのすべてが自分でコントロールできないものである。自分でコントロールできないのなら、それは受け入れるしかない。

こうした態度を身につけさせるために、私はよくスポーツ選手たちには、「心臓をドキドキさせているのが、自分ではどうにもできないことだとわかったら、じたばたせずに〝みんな、いっしょや〟といつでも言えるようにしなさい」と教えている。少々の厳しい状況に置かれても、「みんな、いっしょや」とすぐさま言える選手はタフである。したがって、日頃からこうした態度がとれるように習慣化していく必要が

ある。

「なんだそんなことか」と言われるかもしれない。しかし、ちょっと周りを見ていただきたい。この自分ではコントロールしようもない外的プレッシャーに対して、ことあるごとにブツブツ文句を言っている人が目につくのではないだろうか。

「今日は、暑くて嫌だなあ」、「久しぶりのゴルフだというのに、なんでこんなに風が強いんだ」、「ここのところ雨ばかりで、ほんとうに気分が滅入ってしまうよ」などといった具合である。いや他人事ではない。自分でもちょっと油断していると、こんな言葉を口にして、その日を台なしにしてしまいそうになることがよくある。

こんな羽目に陥らないためにも、日頃から「みんな、いっしょや」と言えるように心がけることが、まず必要である。わざわざ〝まず〟と言ったのには訳がある。このステップ3の上級編があるからだ。それはどういうことかというと、ただ受け入れるだけではなくて、そうしたどうにもならない外的プレッシャーを好きになるということである。

たとえば、プロゴルファーたちが一番いやがるのは、暑さや寒さ、あるいは雨などではない。風である。ところがこれを大好きという選手がいる。高校三年生のアマチュア時代に女子プロゴルフのトーナメントで優勝し、現在はアメリカを主戦場に活躍している宮里藍選手である。彼女は、風が吹けば吹くほど自分の勝つチャンスが大きくなると公言してはばからない。

たとえば、二〇〇七年二月二三日のスポーツニッポンには、「藍〝風よ吹け〟強風を希望」というタイトルで、以下のような記事が掲載された。

「宮里藍は初日に向けて雨ごいならぬ〝風ごい〟をした。日曜日からの練習ラウンドを含め、この日の午前中だけは強風がピタリとやんだ。プロアマ戦に参加していた宮里のショットも非常に安定していたが〝吹かないよりは吹いてくれた方がいい〟と厳しいコンディションでの戦いを熱望。風の強い沖縄で生まれ育った宮里は、風に影響されにくい低く抑えたショットを得意とする。強風で他の選手がスコアメークに苦しめば、それだけチャンスが広がることになる。父・優さんも〝海外の選手は爆発すると凄い。風が吹いてしのぎ合ってたほうが藍には好ましい〟と風による援護射撃を期待していた。」

これは米女子ゴルフツアーの二〇〇七年度第二戦であるフィールズ・オープンを前にしてのコメントである。結果はどうだったのだろうか。この記事から三日後の最終日、宮里選手は米国開催競技自己ベストタイの66を出し、三位でフィニッシュしたのだった。

宮里選手は、三歳のころから沖縄でゴルフをやり始めている。沖縄の風は強い。小さいころから風の中でゴルフをやるなんて当たり前と思って育った宮里選手にとっては、ほとんどのゴルファーがいやがる風は、苦手どころかむしろ強い味方と思えるのだろう。

仮に同じ力を持っていても、風をいやだと思ってプレーするのと、素直に受け入れてプレーするのではかなりの違いがある。そしてさらに、風が吹けば吹くほど私のものというところまでいけば、勝利の女神は自ずと微笑んでくれるということになる。

だからこそ、まずは「みんな、いっしょや」と受け入れる。その次には、たいていの人が苦手とする状況を好きになり得意とする。これが抜きん出て精神的にタフになる決め手なのである。

さて、以上の三つのステップで外的プレッシャー、つまりわれわれが感じるプレッシャーの半分はほとんど消えてしまうことになるだろう。

4 内的プレッシャー克服法〝感情コントロールの技術〟

(1) 四つの感情レベル

それでは今度は、自分が内側からかけてしまうプレッシャーに対処する方法について述べることにしたい。この対処法をひと言でいえば、私たちの心の中でうごめいている感情を上手にコントロールするということである。具体的な方法を紹介する前に、まず私たちの感情を乱すいくつかの因子について整理しておく必要がある。

ここ一番という重要な場面では、誰だって「うまくやりたい」、「絶対に期待に応えなくては」と思いたくなる。またやることなすことうまくいかないとイライラがつのり、最後にはすっかりやる気をなくしてしまうことになる。

どちらの場合も感情コントロールを失っている。前者は、うまくやらなくてはという思いの裏側に、絶対に失敗できないというびびりの感情がある。そしてそこから不安が生まれ、のびのびと行動できなくなってしまうのである。

また後者は、はじめは怒り、そして次第にあきらめの気持ちが心を支配していく。こうなれば、もうどんなことがあってもうまくいくチャンスはめぐってこない。

こうした例からもわかるように、目前のやるべきことから注意が逸れてしまって、やってしまったミスや結果ばかりを気にするようになると、人は感情をコントロールする力を失い、さらなるミスを繰り返すようになってしまう。その意味では、後述する集中力と感情コントロールとは表裏一体の関係にある。

事に臨んで逃げるのではなく戦おうとすれば、だれだってプレッシャーはかかってくると先に述べた。そして楽な戦いなどはほとんどないし、むしろ厳しく苦しい状況に立たされることのほうがずっと多いはずである。

さらに悪いことに、そうしたピンチをいつもうまく切り抜けられるわけではないので、ますます感情が揺さぶられることになる。しかし、そうした感情のブレを極力少なくし、ピンチをチャンスに変えていけるかどうかが、メンタルタフネスの差ということになる。

感情が人間のパフォーマンスに大きな影響を及ぼすということに、私が注意を払うようになったのは、一九九〇年にテニスのメンタルトレーニングの世界的権威であるジム・レイヤーと会ってからである。それから二年経った一九九二年に再び来日したレイヤーは、私の大学で六時間に及ぶ講演をしてくれた。この講演の中でも彼は、人がメンタルな面でタフになるための重要なスキルである感情コントロールについて熱っぽく語ったのである。

レイヤーによれば、選手が試合中に見せる感情には、次の四つがあるという。

1 あきらめ
2 怒り
3 びびり
4 挑戦

一つ目の〝あきらめ〟は、私たちがいだく感情としては最低のものである。レイヤーは常々、「試合中の選手の感情を機械で測定することなんてできはしません。しかし目で見ることはできるんです。人の心は表情やしぐさ、さらには姿勢や言葉などを注意深く観察していれば、たいていのことはわかるのです」と言っている。

たとえば選手（ばかりではなく誰でも）が、〝あきらめ〟の感情レベルに入ると、まず目線が下がる。そして背中が丸まり、動作があきらかに鈍くなる。さらにはため息をつきながら、「こんなに風が強いんじゃあ、いいプレーはできっこないよ」とエクスキューズ、つまり言い訳を口にするようになる。こうしたことを頭に入れて人の行動を観察すると、確かに心のありようが見えてくる。

二つ目の感情レベルは〝怒り〟である。これはテレビでスポーツ中継を見れば、しょっちゅう目にすることができる。ストライク、ボールの判定ひとつで、すごい形相で審判に食ってかかったり、ヘルメットを地面にたたきつけるプロ野球選手はいくらでもいる。短いパットをはずしてパターをへし折ってしまったプロゴルファーだってたくさんいる。あのタイガー・ウッズでさえも何度か折ったぐらいだから、世界中のゴルファーのいったい何人が自分のミスをクラブにやつあたりしていることだろう。

こうした〝怒り〟の感情が心を支配すると、体の中ではとてもよくない生化学的反応が起こってしまう。怒ることで交感神経が異常に興奮して、アドレナリンやノルアドレナリンが大量に分泌され、その結果、心拍数や血圧が急激に上がり、筋肉はかたくなって一度に疲れてしまうのである。

昔から、「怒り（短気）は損気」とはよく言ったもので、怒りの感情が人間のパフォーマンスを向上させることはまずないし、もちろん健康にもよくない。

三つ目の感情レベルは〝びびり〟である。先ほどの〝怒り〟が強いネガティブエネルギーなのに対して、やってやろうというポジティブなエネルギーが充満しすぎて過緊張状態になっているような場合を言う。

外から見ると、非常に神経質でせかせかしたしぐさが特徴的である。一生懸命やろうとしているので、行動はとてもパワフルに見える。しかし、たとえばここ一番という場面で〝びびり〟の感情が心を支配すると、早く結果を出したいためにしぐさがやたらと速くなってしまうのである。

ただし、〝あきらめ〟や〝怒り〟と違って、この〝びびり〟という感情は、それほど悪いものではない。確かにこのままでは結局、ミスや敗北につながってしまう。しかし、誰もがここを通り抜けなくては次の〝挑戦〟というレベルに到達することはできない。つまり、〝びびる〟ような体験を何度もして、それに慣れっこにならなくては、次に続く最高の状態には入っていけないというわけである。

「免疫」という言葉がある。これまでは主に体の面で使われてきた。たとえば一八世紀の終わりに、イギリス人のジェンナーが、当時としては恐ろしい伝染病だった天然痘に対する免疫療法を開発したことで、たくさんの人が命を救われた。そしてこれを皮切りに、人類は多くの伝染病に対する免疫ワクチンを発見することになる。こうしたことがわかるまでは、何万、何十万という人が、ペストやコレラ、あるいはチフスなどの伝染病で死んでいたのである。

ただし、このとき用いられる免疫ワクチンは、その病原菌を殺す薬ではない。むしろ、病原菌そのものと言ってもいい。つまり、人間の体に弱められた病原菌（ワクチン）を入れると、私たちが本来持っている免疫力が働いて、その病気に対する抵抗力が高まるという仕組みである。まさに「毒を以て、毒を制する」ということである。

こうした体の免疫学は、ジェンナーのあとを受けて一九世紀に活躍したフランスのパスツールなどを起点として、現在も進歩し続けている。ところがこの二〇年から三〇年ほどの間に、心（心理学）、脳（神経病学）と免疫系（免疫学）の研究が進み、精神神経免疫学（Psycho Neuro Immunology＝ＰＮＩ）という学問が出てきている。こうした新しい分野の研究によって、人間の免疫機能が心の影響を少なからず受けていることが明らかになってきた。

先ほど私が、「びびりは悪くない、びびるような体験を何度もして、慣れっこになれ」と言ったのも、長い指導体験に加えて、この精神神経免疫学からヒントを得てのことである。もっとわかりやすく言えば、精神的にタフになるには、そのために必要な肉体的・精神的ストレスを何度となく経験しなくてはならないし、経験させなくてはならないということである。

筋肉に適度な刺激を与えれば、筋組織が肥大して筋力が増していくのとまったく同じことが、心にも言えるということである。もちろん、このときの適度というのは、軽いとか弱いという意味ではない。あくまでもその人のレベルと目標に応じた刺激でなくてはならない。

世の中には、プレッシャーやストレスがまったくない状態を望んでいる人がよくいる。しかし、それでは人は成長できない。もちろんオーバーストレスやオーバープレッシャーでも、つぶれてしまう。

こうしてみると心・技・体のあらゆる領域で、いかに適切にプレッシャーやストレスをコントロールして、トレーニングさせ続けられるかというのが、コーチの腕の見せ所ということになるわけである。

選手が試合中に体験する感情の四番目は、〝挑戦（チャレンジ）〟である。これまでの〝あきらめ〟、〝怒り〟、〝びびり〟の三つの感情は、そのエネルギーレベルや質はそれぞれ異なっていても、結果的にはすべてミスや敗北につながってしまう。

そういう意味では、この〝挑戦〟だけが、成功や勝利につながるものだと言ってよい。そして、人がひとたびこの感情レベルに入ると、それまではあれほど嫌がっていたプレッシャーを、むしろ楽しいとさえ言うようになる。

これまでの研究では、人が最高のパフォーマンスを発揮しているときには、心はポジティブな状態にあって、エネルギーレベルも非常に高いということがあきらかになっている。つまり、人がピークパフォーマンスを生み出す理想的な心の状態に入ると、肉体は気持ちよくリラックスしていて、同時に精神は非常に深い集中状態にあるというわけである。

チャレンジ状態に入ったスポーツ選手は、外から見ていても躍動感にあふれ輝いている。「楽しい」、「笑顔」、「リラックス」、「集中」、「冷静」、「燃える」といったように、最高のプレーを見せた選手にそのときのことを尋ねると、彼らからは、決まってこうした言葉が返ってくる。

ここで「リラックス」と「集中」、「冷静」と「燃える」と並べてみると、それぞれ反対の状態じゃないのかと思う人がいるかもしれない。しかし、そんなことはない。人の感情がチャレンジ状態になっていると、肉体は気持ちよくリラックスしていながら、精神は深い集中状態にある。また体は火のように燃えているのに、額の辺りはなんだかとても涼しくて頭が冴えわたっているということもよくある。

(2)「偉大な選手は偉大なる俳優である」

一九九二年の私の大学での講演を、レイヤーは「偉大な選手は偉大なる俳優である」という言葉で締めくくった。

感情コントロールの方法を長年研究してきた彼は、あるときハリウッドの名優たちの演技が、なぜあれほど見ている人の心を動かすのかに興味を持ったという。俳優が悲しみに暮れて泣けば、スクリーンを通じてそれを見ている多くの人が、一緒になって涙を流すのはなぜなのか。映画『ロッキー』(一九七六年、アメリカ)を見終わって劇場を出てきた人の多くが、自分がスタローンになって大逆転のKO勝ちを収めたように誇らしい表情を浮かべるのはどうしてなのか。それを考えたというのである。

名優たちは、それがあたかも現実であるかのような迫真の演技ができる。だからこそそれを見た多くの人が共に泣き、共に笑うということが起きるわけである。すぐれた俳優たちは、自分どころか他人の感情までコントロールできるという事実にあると き気づき、レイヤーはびっくりしたという。

さらに彼は、スポーツ選手は俳優のように見る人の感情までも変える必要はなく、ただ自分なりの絶好調状態にアクセスできる感情を、自分の心の中に呼び起こしてやればいいのだと気づいた。ヒーローもみじめな敗者も、どちらも演じなければならない俳優に対して、私たちは成功者や勝者を演じるだけでいいというわけである。

また名優たちは、演技に入る直前の私的・個人的な感情がどうであっても、カメラが回り始めると与えられた役柄を完璧に演じるために、自分の感情をそれにふさわしいものにコントロールしてしまうということもわかってきた。そんなことはプロなら当たり前というかもしれないが、実際にはなかなか難しいことである。

感情がパフォーマンスに大きな影響を及ぼすのであれば、それを良い方向へ導く手立てを講じなくてはならない。それならば、仮にプレッシャーで硬くなったり不安で怖くなったとしても、それを外に見せるのはやめること。そして、うまくいっているときの自分をまず外側から徹底的に演じることが一番だというのである。

英語で感情のことを、動作を表す言葉である"motion"に"e"を一つつけて、"emotion"という。レイヤーの感情コントロールの秘訣をひと言でいえば、「"emotion"をコントロールしたければ、"motion"をコントロールせよ」。つまり、感情をコントロールしたければ、しぐさ、表情、姿勢、歩き方、目線、言葉といった外側の動作をコントロールせよということになる。

このことから、感情をコントロールする有効なツールが三つ出てくる。一つ目は体(姿勢、表情)。二つ目が呼吸。そして三つ目が言葉である。

5　身体（姿勢、表情）をつくる

(1) 不動体のつくりかた

スポーツばかりでなく、武道や芸道の世界でも一流と言われる人というのは、その一挙手一投足が美しく、またぴたりときまっている。私もそのことは以前から気になっていたので、長いこといろいろな身体訓練法を研究してきた。

あれこれ模索しているうちに、中国の気功法や合気道の訓練の中にそのヒントを見つけることができた。具体的には、おへその真後ろの腰骨をほんのちょっと操作するだけでよい。すると、とても安定した体ができあがることになる。

ここでちょっと、実際にやってみていただきたい。まず、二通りの立ち方を試して

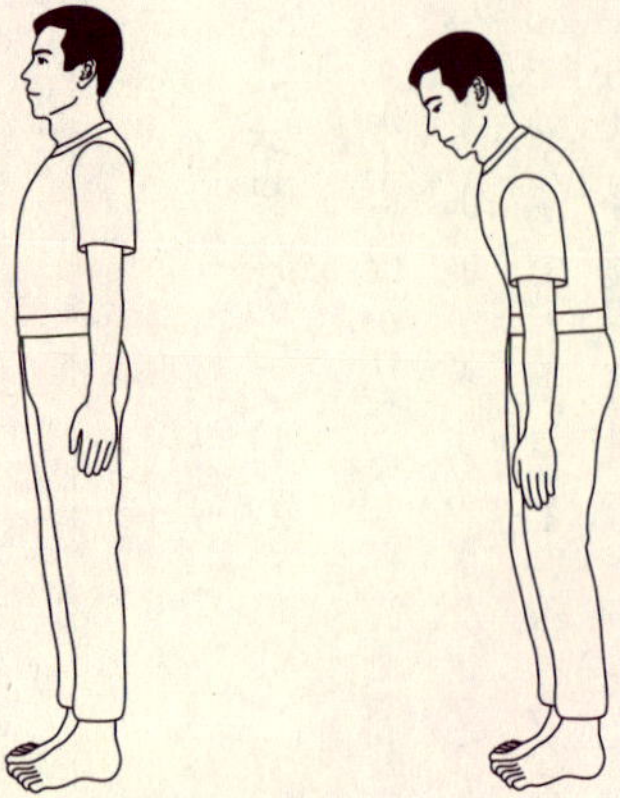

みてほしい。一つ目は、おへその真後ろの腰骨（腰椎の三番）を後ろに軽く突き出して視線を下に落として、背中も丸めてみてほしい。まあ、なんとも弱々しい、いかにも不安定な立ち方になるはずである。こんな風に立つと、足の裏が小さくなったような感じがして足と地面との接触感がなく、ちょっとしたことでフラフラするはずである。

今度は、おへそを前に軽く出すようにして、さっきへこんでいた腰椎の三番を前に押し込んで、骨盤を垂直に立てるようにしてみてほしい。すると、背筋に力を入れなくてもスッキリと背中が伸びるし、足裏もまるで吸盤のように広がってぴったりと地面に吸いつき、どっしり安定した体ができあがる。よく精神的に落ち着いた状態を「地に足が着く」などと言うが、実はこれこそが武道でいう「自然体」であり、「不動体」のつくり方だったのである。

さて今度は、さっきの腰の抜けたなさけない格好に戻って、そのままで歩いてみてほしい。まず間違いなく、スタスタ歩くことなどできないはずである。

次に腰椎の三番をスッと入れて腰骨を立てた姿勢から、おへそよりも手の平一つ分ぐらい下（丹田）辺りがぐいぐい前方へ引っ張られる感じで歩いてみてほしい。スッスッという滑らかな足運びができて、いくらでも速く歩ける感じが出てくることだろう。

私がプロゴルファーを指導するときも、第一に教えるのがこの背筋を伸ばした安定した歩き方なのである。実はこうした歩き方こそが、よいプレーに必要な集中力を持続させ、感情コントロールを容易にしてくれるというわけである。

スポーツ選手の心が乱れるのは、インプレー時よりもその前後にあるインターバルタイムにある。「ゴルフはメンタルなスポーツ」とよく言われるが、それは、このインターバルタイムが非常に長く（競技時間全体の九八％）、また不規則だからである。

ゴルファーがインターバルタイムのほとんどを歩いていることを考えると、私がプロたちに腰骨を立てて歩くことを指導している理由もおわかりいただけるのではないかと思う。

誰だって、調子がいいときには胸を張ってさっそうと歩く。しかし、ひとたび不調になると、頭は下がって背中は丸くなり、トボトボと歩くようになってしまう。しかし、これではもはや負け犬である。心に生じたネガティブな思いが姿勢やしぐさとなって体にあらわれ、それがまた心を暗くするという〝負の連鎖〟が生じてしまう。

ミスを連発して心が滅入りそうになっても、いや、そういう時だからこそいっそう腰骨を立てて、颯爽と歩いていかなくてはならない。そしてこれこそが、レイヤーの言う〝(IPS〈Ideal Performance State＝実力が最高に発揮できる理想的な心の状態〉やゾーンを)演じる〟ということである。

(2) 顔をつくる(苦しい時こそ笑顔で)

〝苦しい時こそ笑顔で〟。これは、私がメンタルトレーニングを指導している選手たちに、たえず言い続けている言葉である。笑顔は、およそ人間の顔の中で、もっとも美しい顔ではないだろうか。そして強い顔でもある。

誰でも楽しい時や嬉しい時には、自然に笑顔を浮かべるだろう。しかし、苦しく辛い時にも笑顔になれるだろうか。普通はなかなか難しい。

そんな時、たいていの人は苦悶に顔をゆがめたり、ひどい時にはまるで夜叉のような恐ろしい顔になったりもする。ことほど左様に人の気持ち、つまり感情は、そのまま表情となって表れるのである。

今から一六年前、将棋の米長邦雄さんが、『運を育てる』(クレスト社・一九九三年)という本を出版された。米長さんは、羽生善治や谷川浩司といった若手棋士たちが台頭する中で、実に五〇歳にして初の名人位を手にした方である。この本が出たのは、ちょうどその直後のことだった。

とてもおもしろい本だったので、私が指導している選手たちには、何冊も買って配っていた。そんなことをするのは私だけかと思っていたら、それから数カ月後にプロ野球のキャンプで、当時セ・リーグ会長だった川島廣守さんが、何百冊も配っておられたと聞いて驚いたことがある。

この本の内容をひと言で言えば、米長さんの〝勝利の女神論〟である。このことについて米長さんは、次のように書いている。

「（勝利の）女神の判断基準は二つである。それ以外のことに彼女はおそらく目を向けない。これは、勝負師としての経験から言って、まず間違いないところだ。

一つは、いかなる局面においても〝自分が絶対に正しい〟と思ってはならないということだ。謙虚でなければならない。どんなに自信があっても、それを絶対と思い込んで発言してはならない。……（中略）

もう一つは、笑いがなければならない、ということだ。どんなにきちんと正しく身を処していても、その過程でまったく笑いがない場合には、どこかで破たんが生じる。少なくとも大成、大勝することはない。」（p16〜）

こうしたことが私の頭に残っていたのか、一九九六年にアトランタオリンピックに出場した日本女子バスケットボールチームのメンバーには、〝苦しい時こそ笑顔で〟を合い言葉にしようと教えていた。そして奇跡が起こったのである。

日本の女子バスケットチームにとって、アトランタは二〇年ぶりのオリンピック出場の舞台だった。世界予選を勝ち抜いて出場できるのは一二チーム。この中で日本のランキングは、一一位でしかなかった。

初戦でロシアに敗れた日本は、二戦目で世界二位の中国と対戦した。日本チームも善戦したが、世界の壁は厚く、前半を終えて一六点もの大差をつけられてしまった。後半も苦しい戦いを強いられたが、残り一五分ほどのところで、突然、五人の選手がいっせいに笑顔を見せたのである。ほんの一瞬のことだったが、私にははっきりと見て取ることができた。同時に、何かが起こるのではという思いが湧いてきた。

今も日本リーグの連続得点王（二〇〇六年、二〇〇七年）として活躍している小磯典子選手（旧姓浜口）の絶妙なフックシュートが決まったところから、急に流れが変わってきた。次々と日本のスリーポイントシュートが決まり始め、逆に中国に焦りが見られるようになった。

そして残り二分を切ったところで、エース萩原美樹子選手（日本リーグ四年連続得点王、アテネオリンピックコーチ、現・早稲田大学女子バスケットボール部コーチ）のスリーポイントシュートが決まって、ついに同点となった。さらに相手のシュートミスからリバウンドを奪い、パスを受けた萩原選手が一人で持ち込んで勝ち越しのシュートを決めたのである。

試合終了のブザーが鳴った。世界一一位の日本が世界二位の中国を破った瞬間だった。メンタルコーチとしてベンチの横にいた私は、あまりの出来事にコートで抱き合う選手たちを呆然と見つめていた。まさに鳥肌が立つようなシーンだった。私は、選手たちが、残り一五分で見せたあの笑顔を、一〇年以上経った今も鮮明に覚えている。

それから五年後の二〇〇一年一二月、東京女子医科大学で相補代替医療学会が二日にわたって開催された。私は、渥美和彦会長（東京大学名誉教授）からの依頼を受け、「精神集中とスポーツ自然上達法」というテーマで、三〇〇名を超える医学関係者の方々に一時間ほどの講演をすることになった。学会本部から、プログラムが送られてきて驚いた。初日の講演には、アルフォンス・デーケン氏（上智大学教授、死の準備教育）など各界の著名な方が名前をつらねていたからである。

どの講演もぜひ聴きたいものばかりだったので渥美先生に電話し、「先生、私の講演は午後からですが、朝からずっと聴かせていただいてよろしいでしょうか」とお願いした。すると氏からは、「もちろん、一番前に席を用意しておくから」と言っていただいたのである。前述のバスケットボールの萩原美樹子さんも聴講したいというので、彼女の席も用意していただき、二人で講演を聴いた。

最初の講演は、「いのちといやし」というテーマで丸山敏秋氏（社団法人倫理研究所理事長）が一時間お話をされた。控え室で丸山氏と話をしているうちに、氏と私が同じ歳であり、また大学院も筑波大学だったということがわかり、すっかり意気投合した。

それ以降も丸山氏とは、雑誌などで何度か対談させていただいた。氏は、この日の私の講演を聴かれて、「ゾーン」という世界に興味を持たれたという。それから四年後の二〇〇五年には、『最高の自分を生きる――達人たちに学ぶ「ゾーンに入る」生き方――』（致知出版）を上梓された。

その丸山氏の次の講師が、アルフォンス・デーケン氏だった。デーケン氏は、長い間、上智大学で「死の準備教育」を講義され続けた方である。その日の氏の講演のテーマは、「生と死とユーモア」だった。デーケン氏はドイツ人だが、みごとな日本語をお話しになる。そしてふんだんにユーモアを交えて私たちを笑わせながら、その内容は心にじんとしみ込む深い話だった。

そうしたすばらしい講演の中で、氏はユーモアについて次のようなドイツの諺《ことわざ》を紹介して下さった。

「ユーモアとは、……にもかかわらず笑うことである」と。つまり、苦しくとも辛くとも、あるいはたとえ死に臨んでさえも笑顔をもってそれを受け入れようというのである。およそ私たちが遭遇するどんな難局でも、死に比べれば軽いものではないだろうか。

デーケン氏がこの諺について話されたとき、講演を聴いていた萩原さんが私の方を向いて、こう言った。「白石先生、これってオリンピックのときに私たちが習ったことじゃないですか。あまりにもお話がよく似ているのでびっくりしました」と。

やはり笑顔は、感情コントロールの最強ツールである。

6 呼吸によるコントロール

感情をコントロールするツールとして、昔から呼吸もよく使われてきた。呼吸には、肩を使って行われる肩式呼吸、胸を使って行われる胸式呼吸、そしてお腹を使って行われる腹式呼吸の三つがある。感情コントロールに使う呼吸は、三番目の腹式呼吸である。

腹式呼吸は、吸うときにお腹をふくらませ、吐くときにはお腹をへこませるようにする。そうすることで、横隔膜をダイナミックに使うことができるからである。

横隔膜というのは、胸腔と腹腔を区切る筋肉の膜で、生物の進化プロセスからいえば、哺乳類となって著しく発達したものである。面白いことにこの横隔膜は、舌と同じで物をのみ込むために使われている。つまり呼吸の中で、吸気にだけ使われる筋肉である。息を吸うときに、お腹をふくらませようとすると横隔膜が下がって、肺の容量が大きくなり、たくさん息を吸えるというわけである。

酸素を取り入れ、二酸化炭素を出すという点では、吸う息の方が大切と言えるのかもしれない。しかし心へ及ぼす影響や、コミュニケーションの重要なツールである発声という点から言えば、吐く息のほうがずっと重要になってくる。

ふだん私たちは、意識することなく自然に呼吸を行っている。それは自律神経の働きによるわけだが、安静時で一分間にだいたい一五〜一七回呼吸していると言われている。これは安静時心拍数（六〇〜七〇回）の約四分の一である（注・どの哺乳類でもこの割合は同様で、たとえば象は心拍数三〇回に対して、呼吸数七〜八回、ハムスターは心拍数四〇〇〜四五〇回に対して、呼吸数一〇〇〜一一〇回である）。

ところが感情が乱れて、怒りやびびりの状態になれば、呼吸はずっと粗く速くなってしまう。

なにかにつけ直前の行動の余韻というのは、残りやすいものである。うまくいった場合でも、次もうまくやろうという気負いが出たりしがちだ（感情レベル3＝びびり）。逆に失敗してしまったときなどは、意気消沈してしまったり（感情レベル1＝あきらめ）、イライラがつのったり（感情レベル2＝怒り）する。

こうした兆候が自覚できたら、すぐさま次のような呼吸をして、感情を一定のレベルに落ち着け、次の行動にチャレンジできるような心の状態にコントロールしてやる必要がある。

(1) 心を鎮める呼吸法

プレッシャーを感じて気持ちが高ぶりすぎて筋肉の硬直を感じたり（感情レベル3）、ミスなどによって相手や自分に怒りを感じる（感情レベル2）ことがよくある。そのような場合には、次のようにして心を鎮めるようにしてほしい。

まず足を軽く開いて立ち、全身をリラックスさせる。次に手を軽く下へ振りながら小刻みに体を上下動させる。このとき、下への動きに合わせて、頭に昇っている〝気〟が丹田へと下りていくというイメージを持ちながら行うと、より効果的である。

次に、高ぶった感情を鎮めるための呼吸法を行う。呼吸はすべて鼻で行い、吸う息と吐く息の割合を一：二にコントロールする。つまり五秒吸ったら、その倍の一〇秒ほどかけてゆっくりと息を吐き出すという呼吸を数回繰り返す。

こうすることで、自律神経系の副交感神経が刺激され、心や体にリラックス反応が広がっていく。ヨーガでは、こうした呼吸法を〝ナーディー・シュッディー〟(鎮静呼吸)と呼んでおり、五〇種類を超える調気法(呼吸法)の中でも、もっとも基本となるものとして位置づけている。

(2) 気持ちを奮い立たせる呼吸法

今度は逆に体を活性化して、筋肉の反応を鋭くする呼吸法をやってみよう。

誰でも生身の人間なので、日によっては何だか気乗りがしないという日はある。またミスが続いたりすると、すっかり意気消沈してしまうことだって珍しくない。しかし、だからといって簡単にあきらめていたのでは、何ごともなしえることはできない。そこで次のような呼吸法を使って、ともすれば萎えてしまいそうになる気持ちを奮い立たせるのである。

具体的には、一秒か〇・五秒に一回くらいの速い呼吸を、二〇～五〇回ほど連続して行う。このとき、しっかりと背筋を伸ばし、すべての呼吸は鼻から出し入れする。また吸う息でお腹をふくらませ、吐くときにはお腹をへこませるようにするのは

(1)の鎮静呼吸と同様である。この呼吸法は自律神経系の交感神経を刺激して、心と体に軽い興奮をもたらしてくれる。これでダラダラした重い感じがスッと消えて、シャキッとしてくる。

ちなみにこの方法は、テニスのトッププレーヤーたちが、時速二〇〇km前後で飛んでくる相手のサーブを、リターンしようと構えている際にもよく使われているし、同様に野球の守備でも使われている。

7 ポジティブ・セルフトーク

感情をコントロールするもう一つの大きなツールは言葉である。外からの言葉かけが、自信や感情に大きな影響を及ぼしていることは、すでに少し述べた。たとえばプロ野球のレベルでも、監督やコーチの言葉かけひとつで、緊迫した場面でも伸び伸びと打席に立てることもあれば、逆にコチコチに緊張してしまうことだってよくある。こうした外からの言葉かけ以上に感情コントロールで重要なのが、セルフトーク、つまり自分自身に対する言葉かけである。

どんな分野でも勝負の場面というのは、結局、誰の助けも借りるわけにはいかない。バッターボックスに入るのも選手なら、マウンドに立つのも選手自身である。受験生だって、どんなに親や先生が心配しても、問題を解くのは本人でしかない。ビジネスプレゼンテーションもまたしかりである。そうなったときに、自分で自分に対して何を話しているかは、次の行動にとても大きな影響を及ぼす。

相手に向き合ったときに、「強そうだなあ、やられるかもしれない」とか、「どうも、あの人とは相性が悪いんだ」などとつぶやくようでは、結果はすでに見えている。これは典型的なネガティブ・セルフトークである。

これに対して、大きく落ち着いた声で、「まだまだ、勝負はこれから。さあ、いくぜ」などと言ってみる。こうした自分を積極的な方向に導く言葉をポジティブ・セルフトークと言う。それはたった一言で、感情を挑戦心あふれた状態に変える力を持っている。

さて、ここでA４くらいの大きさの紙一枚とペンを用意していただきたい。紙は一度半分に折ってから、机の上に広げよう。まず、みなさんがうまくいっているときに、どんなポジティブ・セルフトークを自分に言っているか思い返してみてほしい。そして、それを紙の左側に書き出す。同じように紙の右側には、うまくいかないときやびびってしまうときに言っているセルフトークを書き出してみてほしい。

続いて、紙の右側に書かれたネガティブ・セルフトークを、ポジティブなものに言い換えてみる。ただし、ここで注意しなければならないことがある。それはネガティブな心配を、単にポジティブな願望に置き換えるのではないということである。以下にゴルフのパッティングの事例を挙げておくことにしよう。

ストレートのライン（曲りを計算しなくてよいという意味）の二mのパットをカップに沈ませようとする場面を想像してみてほしい。ストレートの二mのパットというのは、ゴルフをまったくやったことのない子どもでもうまく入れられることもある距離である。しかし、その一方で世界のトッププロでもはずしてしまう距離でもあるのだ。

このときゴルファーの心には、こんな思いが去来する。まず、「これを入れればバーディーで、勝ちが見えてくる。なんとしても入れたい」という一見ポジティブなセルフトークが聞こえてくる。続いて、「でも、今日はなにかパットのタッチが悪いよな。またはずしたらどうしよう」というネガティブ・セルフトークが続く。前者は期待や願望のセルフトークであり、後者は過去の悪い結果へのとらわれと失敗不安のセルフトークである。この二つが実際にパットを打つまでのあいだ、ゴルファーの心の中でささやかれ続ける。

じつは二mのパットというのは、そんなに簡単なパットではない。アメリカのゴルフ専門誌の調査によれば、アマチュアほど一〇〇%近く入ると考えているが、実際にはトッププロでさえ六〇%程度の成功率しかないのである。そしてマスターズで二度の優勝を遂げ、稀代のパッティングの名手といわれたベン・クレンショーは、実際の成功率はプロの平均より高いにもかかわらず、「せいぜい五〇%ぐらいだろう」と言っているほどなのである。

名手クレンショーでさえ半々だと言っているのだから、世界中のゴルファーもその程度だと考えていれば、少なくとも「絶対に入れなくては」という気負いからは解放されよう。しかし、言葉がイメージを生み、イメージが体を動かすとしたら、もう少し入る確率を高めるような言葉かけがあってもよいだろう。

ではどうするか。「入りそうにもない」というネガティブ・セルフトークは論外としても、「入れたい」という期待のセルフトークもじつはポジティブ・セルフトークではない。こうしたときに有効な真のポジティブ・セルフトークとは、二mのストレートラインを入れるためにそのゴルファーがなすべきことを一つだけ言うことなのである。

「入れる」というセルフトークには、「入る」という物理現象を自分の側でコントロールしようという意図が込められている。しかし、ゴルファーがひとたびパッティングをしてボールがパターから放たれれば、「入る」か「入らないか」をゴルファーがコントロールすることはできない。それはパッティングの結果だからである。つまりこの場合、ゴルファーがほんとうにできることは、ボールを二m先のカップにころがして入れるためのパッティングという動きなのである。

そのための個人的なコツは、いろいろあるかもしれない。しかし、その中でももっともうまくいくやり方をチョイスして、それを言葉にして自分に言ってみればよい。たとえば「まっすぐ引くと、まっすぐ出る」(「まっすぐ引いて、まっすぐ出す」よりはこちらの方が、透明度が高いと思う)とか、「カップの向こうのふちまでボールがまっすぐ転がっていく」などと言うのである。

ネガティブ・セルフトークをポジティブに変えていく作業に、はじめは少し難しさを感じるかもしれない。そのような際には、「何が起こってほしいのか」、「どうすればそういうことが起こるのか」、「そして、自分が今やれる最善のことは何なのか」といった質問を自分にしてみれば、きっと答えが見えてくる。その答えをシンプルな言葉にして、心に命令を与えてやればよいのである。

第3章

実録「プレッシャーとどう戦うか」
下柳剛投手（阪神タイガース）の戦い

1 五万人の前でピッチングするプレッシャーを克服する

不惑（四〇歳）にして二ケタ勝利を挙げ続けていた（二〇〇五〜二〇〇八年）のが、元・阪神タイガースの先発ピッチャーである下柳剛投手（現・プロ野球解説者）である。以下に彼の経歴を簡単にご紹介しておくことにする。

下柳君は長崎市の出身で、瓊浦《けいほ》高等学校から社会人野球の新日鐵君津に入社し、エースとして都市対抗野球大会初出場に貢献した。

一九九〇年のプロ野球ドラフト会議で福岡ダイエーホークス（現・ソフトバンクホークス）から四位指名を受け入団。コントロールに難のある速球派投手だったが、根本陸夫監督や権藤博投手コーチに命じられた過酷な投げ込みで克服し、一九九三年に五〇試合、一九九四年には六二試合に投げ、連日のように登板する鉄腕投手として活躍するようになった。一九九五年のシーズン中に交通事故（自損事故）を起こして負傷し、これが原因でシーズンを棒に振り、その年のオフに日本ハム（現・北海道日本ハムファイターズ）にトレードで移籍した。

一九九七年から一九九九年まで三年連続六〇試合登板を記録するなど、中継ぎ投手として活躍した。二〇〇〇年以降先発に転向したが、思うような成績が残せなくなっていた。

ちょうどその年のオフに、日本ハムの当時の監督だった大島康徳氏から私に、選手たちへのメンタル面のサポートをしてほしいとの依頼が舞い込んできた。二軍監督は、すでに一九八八年から私がメンタル面のアドバイスを続けてきた白井一幸君がつとめていたし、野球選手の新しいメンタルトレーニングプログラムを大学と球団で共同して研究していこうというねらいもあったので、お引き受けすることにした。

二〇〇一年の三月になって、私は大島監督から依頼された若い選手たちとの個別面談のために、オープン戦が行われている最中の東京ドームを訪れていた。試合を見ることもなく、ドーム内のある一室で次々と選手と面談をしていると、突然ドアがノックされ、あのヒゲ面のベテランが入ってきたのだった。

部屋に入るなり下柳君は、「先生、僕も話を聞いてほしいんですけど、いいでしょうか」と問いかけてきた。私が、「え、でも君は監督のリストには載っていないよ。そんなに息せき切って、いったい何があったの」と問い返すと、彼は「いやじつは、たった今、一イニングで九点も取られて、ノックアウトされちゃったんですよ。開幕直前でこれではちょっとまずいので、何とか時間を取ってください」というのだった。これが私と下柳君のはじめての出会いだった。

幸いその年は九勝を挙げ（八敗）、先発投手としてまずまずの活躍ぶりではあった。しかし、三四歳となった翌二〇〇二年には、わずかに二勝（七敗）しか挙げられず、シーズン途中からは二軍落ちを命じられ、その二軍でもほとんど投げることがなくなっていったのである。三四歳で二勝しか挙げられなければ、オフに待っているのはトレードか、自由契約、つまりクビである。実際、日本ハム球団からも、「先生によく相談していた下柳ですが、日本ハムとしては来季は契約しない方針です」という知らせが、私のところへも来ていたのである。

私としても残念ではあったが、プロ野球をはじめ様々なスポーツのプロ選手たちと長いあいだ接してきて、プロとしての栄光と同時に残酷なまでの厳しい現実も、何度となく見聞きしてきていた。したがって、私としてはやはりやむを得ないのかという思いを持つしかなかったのである。

そんな追い詰められた下柳君に、大きな転機がやってくる。阪神タイガースへのトレードである。当時の阪神の監督は、長いあいだ低迷続きのチームの再生を託されて一年目を戦い終えた星野仙一さんだった。前任者の野村克也監督をもってしても三年連続最下位という阪神の立て直しを試みた星野さんだったが、一年目の二〇〇二年は四位というのが精一杯だった。

翌年に一気に優勝をめざした星野監督は、オフに選手の大量解雇・トレードを断行し、広島からFA宣言した金本知憲選手を四番にすえることにした。さらに左の先発投手をさがしていた星野監督の目に止まったのが、日本ハムを自由契約になる寸前の下柳君だったというわけである。

あとになって下柳君から聞いた話では、星野監督から電話をもらい、「六回を二点で抑えてくれるようなピッチングをしてくれれば、俺はお前を先発で使いたい」と言われたという。こうして下柳君は、野球選手としての大ピンチを乗り越え、阪神で投げることになった。まさに「捨てる神あれば、拾う神あり」である。

当時、私はそんな裏のいきさつについてはまったく知らなかったし、下柳君からも特別に電話はもらわなかった。ただ新聞でトレードが決まったことを知り、「ああ、よかったなあ。彼もまだやれるんだ」程度の思いだった。

ところが二月に各球団がキャンプインすると、突然、下柳君から電話がかかってきた。私が「阪神に行けてよかったね。三五歳になってまだトップレベルで戦えるのは、プロ野球選手でももうそう多くはないからね。これからは一年一年大切にね。ところで、阪神のキャンプはどうなの」と問いかけると、彼からは意外な答えが返ってきた。「先生、それが大変なんですよ。シーズンのことも考えると、ちょっと不安なことがあるので、相談に乗ってもらえませんか」というのである。私が「何がそんなに大変なの」と問うと、彼は「僕は、プロに入って今年で一三年目なんですけど、ダイエーと日本ハムだったでしょう。パ・リーグのキャンプで平日だったら、お客さんなんてちらほらですよ。それが阪神は、とくに今年は星野フィーバーとかで、平日で六〇〇〇～七〇〇〇人は来ますし、休日なんか二万人を超えるんですよ。これが開幕して、甲子園や東京ドームの大観衆の中でジャイアンツを相手に投げることを考えるだけで、今でもドキドキするんですよ。パ・リーグ時代には感じたことがないプレッシャーなんですよ」ということだった。

私が、「シモ、三五歳になってもドキドキしたり、脚が震えたりするの。すごいねえ」と笑うと、「冗談じゃないんですよ。先生と話して気持ちを整理したいんで、これからときどき話を聞いてもらえますか」というのである。

私としては、すでに二年間日本ハム時代に話もしてきたし、人柄もよくわかっていたので、電話でよければということで快諾したのだった。ここから下柳君への本格的なメンタルサポートが始まった。目標は、「五万人の大観衆の中でも、心が揺れ動くことなく自分のピッチングに徹する」となった。

2 感情コントロール術を身につける

すでに前の章でも述べたプレッシャー克服法を、実戦の中でやり通すことができるようにトレーニングが始まった。まず最初の課題は、マウンドに立っているときの感情のブレをなくし、いつも冷静に投げ続けられるような感情コントロール術を身につけることだった。

のちに下柳君自身が述懐していることだが、これ以前はマウンドでけっこう感情をあらわにするタイプだったのである。つまり、審判の判定に不満げな表情を浮かべたり、エラーした味方の内野手をにらみつけたり、連打されるとふてくされたりといった具合に、感情の乱れがあきらかに外から見て取れていた。

彼には、改めて感情をコントロールすることがパフォーマンスの発揮にどれほど効果的かを説き、それを具体的にマウンドでどう実現していくかをアドバイスした。「emotionをコントロールしたければ、motionをコントロールせよ」については、前章で述べたとおりである。つまり、よい感情でピッチングをしたければ、インターバルの際の姿勢、表情、しぐさ、息づかい、目線などを自分がもっともよいときと同じにせよということである。

このときを境に下柳君は、抑えようと打たれようと、あるいは判定に不服だろうと味方がエラーしようと、いっさいの喜怒哀楽をマウンドでは見せないことを決意した。しかし、長いこと感情をむき出しにしながらピッチングしていた彼にとっては、なかなか大変なトレーニングだったのである。

ここで勘違いしていただきたくないのは、ネガティブな感情をなくそうとかこらえようとするのではないということである。外側をポジティブに振る舞うことで、結果的にネガティブではなくなっていくという意味である。

最近の下柳君のピッチングを見ると、どんなに追い込まれても飄々と投げているように見えるに違いない。しかし、今だっておかしな判定には腹も立つし、味方がエラーすればがっかりもする。ただ、次の一球を投げる時には、そんなものにはとらわれず、また淡々と自分のベストピッチングをやろうとしているだけなのである。

私は今でもアドバイスをしている選手たちの試合は、すべて録画して日々チェックしている。そのために、三台のハードディスクレコーダーが毎日のように稼働している。もちろん、最初から最後まですべてを通して見るような時間はない。しかし、どの試合にもポイントとなるところがいくつかあり、そこで彼らがどのようにしているかさえチェックしておけば、ナイターが終わって電話がかかってきても、私なりの感想なりアドバイスなりが言えるというわけである。

かつては巨人戦一辺倒だった野球中継も、最近はずいぶん様変わりして、いろいろな球団の試合が見られるようになっている。さらにスカイパーフェクトTVなどを使えば、全球団の試合を毎日チェックすることができるのである。これを私も多用している。こうして二〇〇三年以降現在（二〇〇八年）に至るまで、下柳君の登板した試合はすべて録画し保存している。

もちろん、わざわざ球場に行かなくとも、テレビ画面で十分に選手の心模様はチェックできる。否、むしろ球場ではネット裏の最前列席でもないと、よくわからないというのが本当のところである。

下柳君自身も、感情コントロールの重要性をよく認識して、キャンプ、オープン戦と変身しようと懸命にトレーニングに励んでいった。そして、二〇〇三年のシーズンが開幕し、大観衆で埋まる甲子園や東京ドームでの彼のピッチングぶりが見られるようになった。電話で様子は聞いていたが、画面を見て私も驚いた。日本ハム時代とは、あきらかに違う老獪な姿が毎回見られるようになっていたからである。

もちろん、すべてがパーフェクトというわけではない。プロ野球の一流選手といえども、生身の人間である。ときどき昔の顔が姿を見せたりもする。そんなときには、私のチェックが入るのである。試合後の電話で、「六回のツーアウト、ランナーなしからショートゴロがエラーになったとき、マウンドから降りて、鳥谷君の方へすごい形相で歩いていっただろう。あんなことをしているようじゃあ、まだダメだね」などと言うわけである。

開幕したばかりのころは、こんなこともあった。私が仕事で東京に行っていたときに、ちょうど下柳君が東京ドームの巨人戦で投げるということになった。夕方六時からのナイターだったので、仕事を終えてから観戦しようと思い、彼に電話をした。すると、「先生、今度来られても、たぶんダメだと思うんです」と言う。「どうして」と私が問うと、彼は「アンパイアがダメなんですよ。先生もご承知のように、僕はもう昔のような剛速球投手ではないですよね。だから今は低めの内外角にボール半分出し入れしながら、打ち取っているわけですよ。それが今度のアンパイアは、低めをなかなかストライクに取ってくれないんですよ。相手は上原だし、ちょっと今度はダメそうですね」と答えてきた。

すでに述べたように、審判の判定は自分ではどうにもならないことである。そんなことは重々わかっていても、つい文句を言ったり言い訳をしたくなるのが人間なのである。この時は、すぐに私から「何を馬鹿なことを言ってるの。自分でコントロールできないことは、〝みんな、いっしょや〟と受け入れなくちゃ。プロがやる前からあきらめてどうするのよ」とカミナリが落ちた。

もちろん、誉めることの方が多くなっていったことは言うまでもない。「満塁のピンチで、カウントはツーエンドツー。低めのスライダーで討ち取ったと思ってベンチに帰りかけた瞬間に、審判の判定はボール。でも、ニヤリと笑って、次にほとんど同じコースで三振に取るなんて、ほんとうにすごくなったね」といった具合である。

二〇〇三年のシーズンが開幕して二カ月ほど経った頃だった。順調に勝ち星を重ねていた下柳君から、次のような電話がかかってきた。「先生、何かいい本はないですか。先生の書かれた本は、ほとんど暗記するほど読んでますけど、僕たち先発投手は、中五日ぐらいのペースで投げますから、けっこう時間があるんですよ。何かピッチングに役に立つような本はないですかねえ」

それで私は、「ああ、それだったら沢庵禅師が書かれた『不動智神妙録』というのがあるから、あれを読むといいよ。沢庵は、吉川英治の小説の世界では、宮本武蔵の心の師匠ということになっているけれど、じつはあれはフィクションで、ほんとうは柳生宗矩《やぎゅうむねのり》の先生だったんだ。つまり、当代きっての兵法者に禅の心を説いたわけだよ。現代語訳で読めるし、きっとピッチングのヒントになる言葉が見つかると思うよ」と答えた。

下柳投手の「前後際断」グローブ

それから一週間ほど後に、再び下柳君から電話がきた。

「先生、ありました。先生が気づかせたかったのは、〝前後際断〟という言葉じゃないですか。前というのは終わってしまった過去のこと、後というのは未来のこと、どちらも気に病んだり不安がったりしたんでは、集中できなくなってうまくいきませんよねえ。ピッチングも結局、一球一球の積み重ねですから。この言葉を忘れないようにグローブに刺繍することにします」ということだった。この時以来、ずっと彼のグローブには、〝前後際断〟がきれいに刺繍されている。

沢庵禅師の原文では、「前後際断と申す事の候《そうろう》。前の心をすてず、又今の心を跡へ残すが悪敷《あしき》候なり。前と今との間をば、きってのけよと云ふ心なり」と書かれている。現代語訳では、こうなる。「前後の際を断つという言葉があります。前の心を捨てないことも、今の心を後に残すこともよくありません。それで、前と今との間を切ってしまえという意味です」

沢庵禅師に先立つこと四〇〇年。日本に禅を伝えた道元禅師は、九五巻にものぼる大著『正法眼蔵』を著した。その中の「現成公案の巻」の中で、この〝前後際断〟について、次のように述べている。

「たき木、はひとなる、さらにかへりてたき木となるべきにあらず。しかあるを、灰はのち、薪はさきと見取すべからず。しるべし、薪は薪の法位に住して、さきありのちあり。前後ありといへども、前後際断せり。」

現代語訳では、「薪は燃えて灰となるが、燃えた灰が薪に戻ることはない。灰は後、薪は先と見てはならない。薪は薪として、初めから終わりまで薪だ。その前後はあるが、その前後は断ち切られているのだ」

二〇年以上にわたって『正法眼蔵』を読んできた私は、こうした文から日本で〝前後際断〟という言葉を初めて使われたのは、道元禅師ではないかと思っていた。しかし、数年前に青山俊董《しゅんどう》尼の講話集をCDで聴いていて、次のような一節が耳に飛び込んできた。

「お釈迦さまの教えに、次のようなものがあります。過ぎ去れるを追うことなかれ。いまだ来たらざるを念うことなかれ。過去、そはすでに捨てられたり。未来、そはいまだ到らざるなり。ただ今日、まさになすべきことを、熱心になせ。たれか明日、死のあることを知らんや」

そしてこの一節を朗読された後で、青山氏は次のように解説されたのである。「済んでしまったことをいつまでも追いかけてはいけない。まだ来ないことに想いを馳せてはならない。前後際断して、今ここに立ち向かいなさい。やりたいことではなくて、なすべきことを熱心に行いなさい。明日お迎えが来て、今日が最後かもしれないと思って、そのなすべきことを行いなさい」

こうしてみると〝前後際断〟という教えは、今から二五〇〇年前のお釈迦様の時代から続く、普遍的な心のコントロール法ということになるのかもしれない。

3 願わなければかなわない

さて下柳君は、移籍した最初の年（二〇〇三年）に一〇勝（五敗）を挙げ、阪神の一八年ぶりの優勝に大きく貢献した。続く二〇〇四年も、七勝（五敗）と活躍し、三七歳となる二〇〇五年を迎えることになる。

私はシーズン中は、選手と直接会って話すということはめったにない。しかし、オフになると、お互い時間的にも余裕があるので、直接会って次の強化ポイントや、来シーズンの目標などについて話し合う。

二〇〇五年のキャンプインを前にした下柳君とも、そんな時間を持った。あれこれ話をしているうちに、彼がこんなことを語り始めたのである。

「先生、お陰様で阪神に移ってからは、一〇勝、七勝とまずまずの成績でこれました。

歳は三七になりますが、トレーニングは相当厳しくやってこられたので、体力面ではむしろ若いころよりもいいぐらいだと思っています。ピッチングの方は、もう昔のように一五〇キロなんて出ません。せいぜい一三五キロぐらいです。でも、今は低めぎりぎりの内外角に思いどおりに投げ分けられるし、緩急もつけられるので、今までで一番勝てるような気がするんですよ。どうでしょう、三七歳になりますけど、最多勝を今シーズンの目標にしてもいいでしょうか」

これを聞いた私は、即座に「シモ、僕と付き合って何年目だっけ。いつも言っているでしょう、〝願わなければかなわない〟って」と答えたのだった。

〝願わなければかなわない〟。この言葉を、私はよく小学生からお年寄りにまで言う。もちろん、願っただけで何でもかなうなどとは思っていない。しかし、願わずに最初からあきらめていてかなうことなどないのも、また事実なのではないだろうか。

大学に入学したての新入生に、「君、……できる？」と問うと、「できません」ではなく、「とても僕なんか」という答えが返ってくる。そんなとき私は、「これまでは、わからないとかできないと言っていればよかったかもしれない。でも大学生になったらわかろうとしようよ。できようとしようよ。たかが一八年ぐらい生きてきて、もう自分の限界を決めてしまうのは、あまりにももったいないとは思わないか」とよく言う。

私の言葉に苦笑いしながら下柳君は、「ああ、そうでした。よっしゃ、今年は一五勝で最多勝や」と叫んで、にっこり笑った。しかし、ここで目標設定は終わりではない。むしろ、ここからが本番である。

〝最多勝〟、〝〜大学合格〟、〝売り上げ…％増〟などというのは、「結果の目標」と呼ばれるものである。目標を立てるというと、ここまでで終わってしまう人がよくいるが、これではただの画餅、つまり絵に描いた餅でしかない。

こうした結果の目標をほんとうに達成するためには、もう一歩進んで「経過の目標」（アクションプラン）が緻密に立てられなくてはならない。たとえば下柳君の場合、結果の目標が〝最多勝＝一五勝〟だったら、それを実現するために、それこそ明日から朝は何時に起き、食事までに何をし（ストレッチやジョギングなど）、朝食では何をどのくらい食べたり飲んだりするのか、午前中のトレーニングはどうするのか、昼食は、休憩は、午後の練習は何をどのくらいどんなふうにやるのかといった具合に、きめ細かいアクションプランが立てられなくてはならないのである。

適切な目標設定のやり方については、第4章「自信はつくものでなく、つけておくもの」で改めて詳しく述べることにする。

すべてを終えてから、下柳君はキャンプ地である沖縄へと旅立っていった。キャンプ、オープン戦が終わり、二〇〇五年のシーズンが開幕した。下柳君は四月、五月、六月、七月と順調に勝ち星を重ねていった。そしてとうとう七月を、一〇勝一敗という成績で終えたのである。〝願わなければかなわない〟などと偉そうに教えている私も、三七歳のおじさんの快進撃に舌を巻かずにはいられなかった。

ところがこの快進撃に急ブレーキがかかることになる。これも毎年のことだが、八月になると夏の高校野球が甲子園で開催されるために、阪神は長期のロードに出ることになる。星野さんが監督に就任するまでは、〝死のロード〟などという名前までついていたほどで、確かに阪神は八月の勝率が一気に低下するのである。

この二〇〇五年も同じだった。すでに前年からタイガースの監督は、星野仙一さんから岡田彰布氏に代わっていた。七月三一日に二位中日との差は八・五ゲームもあった。それが一カ月後の八月三一日にはエース井川慶投手（その後スクラントン・ウィルクスバリ・ヤンキース）がノックアウトされ、わずかに〇・五ゲーム差となってしまったのである。この一カ月、下柳君も三回登板して〇勝二敗。そして翌九月一日は、彼が首位の座を死守すべく先発することになっていた。

お盆のころに電話で「どうしたの。どこか具合でも悪いの」と尋ねると、彼からは、「肘と肩がちょっと重いんです。僕も疲れていますけど、バッターはもっとひどいですね。何しろ点がとれません」という答えが返ってきた。そこから二週間。二人でいくつかの対策を講じてみた。その中身は、残念ながら彼が引退するまで公表することはできない。ただ、八月の終わりころには、あきらかに復調しつつあることが、彼の話のはしばしから窺えるようになっていった。

九月一日のナイターを、私は最初から見続けていた。下柳君は七月までの投球を完全に取り戻して六回を完璧に抑え、一一勝目をマークした。そこからたびたびチームのピンチを救いながら、一二、一三、一四と勝ち星を積み重ねていった。

そして阪神にとって二〇〇五年度のリーグ最終戦（対横浜）を翌日に控えた一〇月四日の夜に、下柳君から電話がかかってきた。「先生、明日が最終戦です。明日僕が勝てれば、たぶん最多勝とれると思います。できれば見ていてください」ということだった。私は、張りのある彼の声を聞きながら、「わかった。必ず見るから」とだけ言って電話を切った。

さすがに緊張したのか、前半はややボールが高めに浮いて二点を奪われたが、阪神もすぐに追いついて二対二のままの緊迫した展開となった。六回を二点で抑えるというのが、星野監督以来、下柳君に課せられたノルマである。この日も確かに六回を二点で抑えていた。しかし、この日ばかりはリリーフに託すわけにはいかなかった。同点では、勝ち星がつかないからである。

彼は、七回、八回、九回と投げ続け、追加点を許さなかった。九回を投げ終え、すでに投球数は一三八球にもなっていた。九回の裏の阪神の攻撃が始まる前に、解説の吉田義男さんと福本豊さんが、こう言っていた。「下柳は、九回を二点に抑えて、見事なピッチングでした。でも、この回に打順が回ってくればピンチヒッターでしょうね。この回に点が取れないと勝ちはないですね」と。

ワンアウトの後、バッターボックスに八番の藤本敦士選手が入ると、ネクストバッターズサークルには下柳君の姿はなく、代打の浅井良選手がバットを振っていた。これを見た私は、「ここまで一〇カ月やってきて、あれだけの目標が目の前のすぐ届くところまで来ているのに、つかめないのか。何とかならんのか」と、およそメンタルコーチらしからぬ言葉を、一人自分の書斎のテレビを見ながらわめいていたのである。

テレビには、藤本選手がピッチャーゴロで倒れ、ベンチに戻ろうとする場面が映し出されていた。てっきり代打を送られると思っていた私の耳に、甲子園の大歓声が飛び込んできた。なんと下柳君がバットを持って出てきたのである。アナウンサーが「粋な計らいですねえ」と言うと、解説の福本さんも「とことんいけばええんですよ」と返していた。

大声援を送られた下柳君だったが、あえなく三振に倒れ、一〇回のマウンドに上がっていった。ワンアウト後、ランナーを二塁まで進められたが、見事に後続を断ち、この回も〇点に抑え込んだ。投球数は一四八球となり、時計の針はすでに一〇時半を回っていた。

一〇回裏の阪神の攻撃も一人がアウトとなり、この年新人ながらショートのレギュラーとして定着した鳥谷敬選手が、バッターボックスへと入った。初球の甘い球を見逃した鳥谷選手は、ツースリーにまで追い込まれていた。キャッチャーミットは、外角の低め。ここにコントロールされれば、まず打てない。

次の瞬間、ドラマが起こった。横浜のリリーフ加藤武治投手の投げた六球目が、キャッチャーが要求したボールよりもやや真ん中高めに浮き、それを鳥谷選手がジャストミートしたのである。打球は、ものすごい歓声の中を放物線を描きながら、左中間スタンドに突き刺さっていった。

これまでメンタルコーチとしてさまざまな劇的な場面に立ち会ってきたが、このドラマティックなフィナーレには、ほんとうにびっくりした。下柳君の一四八球の熱投が、あるいは一〇カ月に及ぶ努力が報われた瞬間でもあった。私は甲子園から遠く離れた福島の書斎で、ナインと抱き合って喜ぶ下柳君の姿に一人で拍手を送っていた。

試合が終わって、電話がかかってきた。「先生、ご覧になっていましたか。お陰様で、ほんとうに最多勝が取れました。ありがとうございました。やっぱり〝願わなければかなわない〟なんですねえ」という下柳君の言葉は、今でも鮮明に私の耳に残っている。

彼は、翌二〇〇六年一二勝、二〇〇七年一〇勝、そして四〇歳となった二〇〇八年も一一勝を挙げ、四年連続の二ケタ勝利を続けている。この間、私はずっと同じスタンスで必要に応じてアドバイスを続けてきたが、最近は感心することばかりで、ほとんど何も言う必要がなくなっている。

下柳君は年間を通じても、ほとんどヒーローインタビューなどに登場することはない。また登場しても、ちょっととぼけたコメントしかしていない。しかし私と話すときの彼は、話題も豊富で話もうまい。髭をはやして野武士のような風貌をしているし、ぶっきらぼうな応対をするので、なかなかそうは思われないだろうが、私にしてみれば、「頭のいい、すごい努力家」というのが正直なところである。

これからも下柳君の活躍を、できるだけサポートしていきたいと思っている。

第4章

自信はつくものでなく、つけておくもの

1 自信についての誤解

誰でも「自信をもって話したり、行動ができれば……」と思っているのではないだろうか。しかし実際には、本番に自信を持ってのぞめないためにミスをしたり、負けたりする。そんなことになってしまうのは、実はほとんどの人が自信について誤った考え方をしているからなのである。

つまり、「自信の大きさは、過去の実績に比例する」という考え方である。こんなことを言うと、たいていの人は逆にびっくりする。なぜなら、これまで多くの人が、試合に勝ったり良い点数を取ったり（実績）すれば、自信が持てると思っているからである。

かくいう私も、一九八八年の秋まではそう信じて疑わなかった。私はそれより八年前の一九八〇年から、体操競技のコーチとして指導者の道を歩いていた。その間、すぐれた選手たちのお陰で、三度の日本一にも立ち会うことができた。しかし、「自信の大きさは、過去の実績に比例する」というこの伝統的な（?）考え方については、ついぞ疑ったことなどなかったのである。

ところが一九八八年に、第1章で述べたラニー・バッシャムのメンタルマネジメントセミナーを聴講して、この考え方は一八〇度転換することになる。

バッシャムは、ミュンヘンオリンピックの試合直後の気持ちを、私たちにこんな風に話してくれた。「試合が終わった瞬間、ものすごい悔しさがこみ上げてきた。ところが同時に、妙な安心感も湧いてきたんだ。やっぱり二位か。私らしいねって」と。後にバッシャムは、この「やっ、ぱり二位か。私らしいねって」という妙な安心感の根っこにあるものに気づくことになる。そしてそれこそが自信の根源であり、その改善によって彼は四年後のモントリオールでみごとに金メダルを獲得することになるのである。

彼のメンタルマネジメントの一〇の原則（p29参照）の中で、この「私らしい」に関するものが二つある。それは次のような第五と第六のセルフイメージに関する原則である。

5 「セルフイメージ」の第一原則――「セルフイメージ」と実行行動は常に一致する。自分の行動や成績を変えたかったら、まず「セルフイメージ」を作り変えなければならない。

6 「セルフイメージ」の第二原則――あなたは今の「セルフイメージ」を、自分の望む「セルフイメージ」と取り換えることができる。そしてそれにより、自分の行動や成績を永久に変えてしまうことができる。

この一〇の原則の中で、もっとも私に大きな影響を与えたのは、セルフイメージに関する第五と第六、及び第八の原則だった。

バッシャムは、自信についてほとんどの人が誤った考え方をしているという。何が誤っているかというと、前述した「自信の大きさは、過去の実績に比例する」という考え方である。私もバッシャムに会うまでは、そう思っていたことはすでに述べた。

しかしバッシャムは、そんな考え方をしていてほんとうに勝負に勝てるかという。

つまり、試合に勝ちたいのであれば、それが終わって勝ってから自信を持つというのではなくて、試合にのぞんだときにすでに前もって自信を持っていなければならないはずだというのである。

プロ野球の解説者でさえ「彼は去年三割を打って自信をつけた」とか、「この一勝で次は自信をもって登板できるだろう」などとよく言う。しかしこれは、自信という心の力の実態を正しくとらえている言葉ではないというのがバッシャムの考えである。

繰り返すと、自信は「よい結果が出てから、後で持つもの」ではなくて、「よい結果を出すために、あらかじめ持って事にのぞむもの」だというのである。そしてそれは、以下に述べるような方法を実行すれば可能だということだった。最初は私も半信半疑だったが、それに続く彼の説明と具体的な方法を聞いて、すっかり納得した。

よく考えてみれば、バッシャムの言うとおりである。うまくいかない限りは自信が持てないというのであれば、たいていの人はいつまでたっても自信が持てないということになってしまう。確かにすばらしい実績を持つ人は、自信にあふれて見える。しかし、過去にそうした実績がなければ、ほんとうに自信は持てないのだろうか。答えは「ノー」である。

メンタルトレーニングの面から言えば、うまくいったから自信がついたのではなく、何らかの手だてによって事にのぞむ前にあらかじめ自信をつけ、その結果として成功する可能性を少しでも高めるという方が正しい。

アメリカのスポーツ心理学者マートンは、自信を「今、自分がやらなければいけない事態は何とかうまくやれそうだと思える感じのこと」と説明している。試合前に相手を見て、「手強そうだな」と思うか、「やれそうだ」と思うかでは結果は目に見えている。わかりやすく言えば、この「やれそうだ」という感じこそが、自信なのである。

前人未到の八六八本のホームラン記録を持つ王貞治氏（元ソフトバンクホークス監督）は、現役時代に毎年のキャンプインのインタビューでは、よくこう言っていた。

「去年三冠王がとれたとか、五五本もホームランを打てたということは、確かによかったと思っている。でも、正直な気持ち、いつもキャンプインのこの頃になると、今年はひょっとして一本も打てないんじゃないかと思って怖くなるんだよ。僕はその怖さをうち消すためにも、やっぱり一にも二にも練習するしかないと思っている」

プロボクシングの名コーチだった故カス・ダマトもこういう。

「一流のボクサーほど、試合の何カ月も前からゴングが鳴るまでずっと怖がっているもんさ。怖いから練習するんだよ。ところが三流の奴ときたら、ゴングが鳴るまでは平気な顔していてろくな練習もしやしない。それが始まったとたんにガタガタ震えるんだから勝てっこないやね。恐怖心というのは火のようなもので、使い方によってはこれほど便利なものはないが、ちょっと間違うとたちまち私たちを焼き尽くしてしまう」

この言葉にしたがえば、選手としての王さんは過去の実績にあぐらをかくことなく、恐怖心を利用したすさまじい練習によって、開幕の頃には「よし、今年もやれる」という自信を築き上げていったと言えよう。

この「大丈夫、やれそうだ」と考えられる心の奥底に存在しているものが、セルフイメージ＝自己像である。「私はどうもおっちょこちょいで」とか「私は根が明るいから」などは、すべてこのセルフイメージによっている。スポーツでも「自分はプレッシャーに強い」とか「練習ではいいけど本番はうまくいかない」といった、よく聞く言葉もセルフイメージのなせるわざである。

そして、その大きさこそが自信の大きさと比例する。逆にいえば小さく凝り固まったセルフイメージを拡大できれば、本番に先立って自信が持てるということになる。

2 セルフイメージが自信を持つカギ

日本を代表する選手の多くも、最初は私のような自信のとらえ方を理解できなかった。たいていの選手が、自信にあふれて試合を迎える大切さは熟知していながら、「良い成績が残せて初めて自信が持てる」と考えていたのである。

しかし、彼らに過去の試合を振り返ってもらい、成功したときとそうでないときの心の状態を書き出してもらうと、決まって「良いときは試合前からなぜか自信にあふれていた」という。逆にそれまでの練習で、技術的にも体力的にもレベルアップが図られていたにもかかわらず、内心ではどうにも不安をぬぐい去ることができなかったときは、たいてい散々な結果に終わっている。

そもそも、指導者や選手がひとしく望んでいるのは、良い結果が出た後で得られる自信ではない。結果を出すためにあらかじめ自信を持つことである。そのカギになるセルフイメージは、心の中でサーモスタット（自動温度調節装置）のような働きをしており、私たちの行動を一定の枠の中でコントロールしているのである。

「自分は一流だ」という大きなセルフイメージを持っている選手は、たとえ苦しい試合展開になっても、「こういう時こそがんばるのが自分らしい」というセルフイメージに支えられて、最後まであきらめずに全力で戦い続けることができる。こうした姿を外から見た人は、「あの選手は自信にあふれてプレーしている」と言うであろう。

これに対して、「自分はしょせん二流か三流だ」と決めてかかっている選手は、練習ですばらしい技術や体力を身につけても、いざ本番になると「試合では失敗するのがお前らしい」という長年つくりあげたマイナスのセルフイメージによって、まったく実力が発揮できないということはよくある。

すでに述べたようにセルフイメージと行動（成果）は比例する。これをバッシャムは、セルフイメージの第一原則と呼んでいる。この第一原則が成り立つとすると、行動や成果を改善するためにはセルフイメージを変える必要があるということになる。

それではそんなことはできるのだろうか。

「セルフイメージは変えられる」というのがその答えである。これがセルフイメージの第二原則である。

こうなると次にはその変え方について具体的に述べなくてはならないのだが、その前にもう一つだけ説明しておくことがある。それは私たちのセルフイメージはいったいどのようにして形成されてきたのかということである。

3 セルフイメージはいかにして形成されるのか？

人間は運動であれ言語であれ、あらゆることを人的・物的な環境との積極的なやりとりによって発達させていく。セルフイメージもまた同じように、私たちが生まれてから今日に至るまでに遭遇したさまざまな環境や、それとともに蓄積される経験によって形成されていくのである。

その中でも、最も大きな役割を演じているのが言葉である。

人間はこの世に生を受けたときから、たくさんの人に取り巻かれて成長していく。親、兄弟、友人、先生など歳を重ねるほどにその種類も多岐にわたる。ここで注意すべきは、それらの人々との交流の中で、私たちに対して膨大な言葉がかけられ続けているということである。

結論を先取りすると、こうした他者からの言葉かけで、セルフイメージのかなりの部分がつくり上げられる。言葉かけの影響は、胎児のときから始まっている。また「三つ子の魂百までも」ではないが、言葉をはっきりと理解できるようになる三歳以降では、その影響の大きさは想像に余りある。

いま、「他者からの言葉かけによって、セルフイメージのかなりの部分はつくり上げられる」と書いた。すべてではなく、かなりの部分と書いたのは、セルフイメージが心の中にしっかり根をはるまでには、もう一つの言葉かけも関係してくるからである。それはセルフトーク、つまり自分が自分に語りかける言葉である。

この二つの言葉の関係は、こんな例で説明できる。

ある子どもが小学校に入学したとしよう。それまでは幸いにも順調に育まれていたセルフイメージが、ちょっとしたことで強烈なダメージを受けることがよくある。たとえば運動会でその子が五〇m走に出る場面を想像していただきたい。お父さんは最新のデジタルビデオカメラを構えて、わが子の走りっぷりを撮影しようと大張り切りである。お母さんも懸命に声援を送っている。その子も期待にたがわずはじめはトップを走っているが、最後につまずいて結局ビリになってしまう。子どもは当然べそをかくし、親は親でため息まじりに、「もったいないなあ。もうちょっとで一番だったのに。どうしてあんなところで転んじゃうんだろう」とつぶやいたりする。

小学校の運動会ばかりでなく、こうした光景を至る所で目にする私としては、こんな時ちょっと心配になる。たとえば、「あのビデオはいったいどうするんだろう。家に帰ってからまた一緒に見るのだろうか」とか、責めるつもりはないにしても、「どうして転んじゃったの」とその子が言われるのではないかとヒヤヒヤするのである。こういう言葉かけがされると、子どものセルフイメージはあっという間に萎縮する。

さらに一年経って翌年の運動会の朝、すっかり昨年のことを忘れている子どもに、お母さんがこんなことを言ったりする。「今日もみんなで応援にいくからね。がんばって走るんだよ。去年みたいに最後に転んだりしちゃあだめだよ」と。これでは結果は目に見えている。再び最後で転んでしまったその子には、またしても「いつもどおり走ればお前は一番なんだけどねえ。どうも本番になるとだめだねえ」という言葉が聞こえてくる。そして今度はその子も自分の中で、「僕ってやっぱり本番に弱いのかなあ」とつぶやき始めるのである。ネガティブなセルフイメージの形成過程はざっとこのようなものである。

これを私はネガティブトーク（否定的な言葉かけ）によるバッド・パフォーマンスループ（悪循環）と呼んでいる。こうした落とし穴に落ちないためには、他人からの言葉かけとセルフトークの内容を吟味し、ネガティブワードが速やかにポジティブワードに換えられるテクニックを身につける必要がある。つまり、外や内から聞こえてくるさまざまなネガティブトークを、すぐにポジティブなものに言い換えられる訓練を日頃からしておかなくてはならない。

4 適切な目標の設定

(1) 目標設定の意義

何度も繰り返すが、ほんとうの自信とは「これから自分がやろうとすることに対して、だいじょうぶ、自分はうまくやりこなすことができるという確かな感じが持てること」である。そうした感覚をもつ、よい方法が二つあるとバッシャムは言った。一つは適切で小さな行動目標を設定して、それを確実に達成していくという方法である。二つ目は、セルフイメージを直接改善する効果的な方法である「アファーメーション」を作り、繰り返し読み続けるというやり方である。この二つは密接に関連しているので、まず適切な目標設定の方法から述べることにしたい。

多くの人が口にする「もっとよくなりたい」とか、「エラくなりたい」といった漠然とした目標は、旅行代理店の窓口で「とにかくどこかへ旅したい」と言うくらい意味のないことである。

どこへ、いつ、どんな交通手段でいきたいか。それらがわからなければ、窓口の人もチケットは出せない。同じように漠然と目標を考えると、ベストの尽くし方も曖昧になり、学生時代の私のように、一生懸命やっている〝気になっている〟だけになってしまう。そしてたいていは目標を達成できないままで終る。

「天才とは、高みに登る階段を人に見せない人だ」という言葉がある。凡人にはとうてい手の届きそうもなく思える天才たちの所業も、実は細分化されたスモールステップを根気強く登っていった結果なのであり、ただその過程を人に見せないだけだということである。もちろんこうした天才ばかりでなく私たちでも、小さな成功体験を積み重ねることで強固な自信を築き上げることができる。

セルフイメージを改善し確かな自信をつくるためにも、適切な目標を設定する「技術」が必要となる。高すぎて達成できない目標設定は、自信喪失と不安を生み、意欲を失わせることにつながってしまう。もちろん目標がやさしすぎても、やる気と集中力が失われる。

スポーツに限らずあらゆるジャンルで、成功している人々は目的達成の第一ステップとして自分を奮い立たせる目標を設定し、注意とエネルギーをそれに集中させていく。言い換えれば、自分が何を望んでいるかをはっきり意識できるからこそ、目標達成に必要なステップが見えてくるというわけである。

それでは、以下にバッシャムが教えてくれた適切な目標設定のための一〇のステップを挙げておくことにしよう。

(2) 適切な目標設定のための一〇のステップ

ステップ1　目標を正確に決める（まず達成したい目標を決める。この前に現状分析をしてしまうと、目標の設定レベルが低いものになりがちなので、「もし私に十分な力があるとすれば」ぐらいに考えればよい）。

ステップ2　次にいつまでにそれを達成したいか決める。

ステップ3　その目標を達成できたときの自分にとっての価値を書く（自分にとっての価値であって、周囲の評価などではない。自分の価値観に沿った目標であれば、達成される確率は高くなる)。

ステップ4　なぜこの目標は現在達成できていないのか、どうすれば達成できるのかを自問自答する(目標と現状の間には、ギャップがあって当然である。ここでは、しっかりと現状分析をし、目標達成のために何が不足しているのかをすべて洗い出す。十分に時間をかけるステップである)。

ステップ5　ステップ4で抽出された問題点を書き出して、目標を達成するための計画を立てる(結果の目標を達成するために、経過の目標、つまり月間、週間、そして毎日の行動計画に至るまで詳細にプランニングする。このステップもかなりの時間をかけるべきである)。

ステップ6　その計画を実行するために必要な資源(時間、金、施設など)と目標達成後に得られる価値とが釣り合っているかどうかをチェックする(これはエコロジーチェックである。つまり、勝利は手にしたが、体をこわしてしまったとか、人間関係が悪くなってしまったというのでは、何の意味もない。計画を実行に移す前に、このチェックが必要である)。

ステップ7　計画実行のためのスケジュールをカレンダーに書き込む。

ステップ8　すぐに実施に取りかかる。

ステップ9　目標を達成する前に達成したときの自分へのごほうびを用意しておく。

ステップ10　以上のステップがすべて終了したら、この目標設定プロセスで書き出された内容を基にして、目標の達成を成功させるのに有効なアファーメーションを書く。

(3) 目標はスマート（SMART）に

それでは目標の適切さはどうチェックすればよいのだろうか。ビジネスコーチングでは、よく「ＳＭＡＲＴ」という言葉が使われる。英語のＳＭＡＲＴは賢いという意味だが、五つのアルファベットは目標の適切さをチェックする言葉の頭文字ともなっている。

「あなたの目標は具体的（Specific）で、計測可能（Measurable）で、頑張れば達成（Achievable）できそうで、現実的（Realistic）で、期限が限定（Time Phased）されていますか」ということである。

①Specific（具体的な）

まず目標は、その内容と方向性が具体的に示されていなければならない。よく耳にする「もっと良くなりたい」という目標は、あまりにも漠然としていて、いざ実行に移そうとしても具体的に何をしたらいいのか見当がつかない。

たとえば数年経ってから、こういう目標を口にした人に、「それじゃあ、あなたはこの数年で、どんなに良くなりましたか」とたずねると、たいてい「ええ、まずまずです。もちろん、まだ満足しているわけではありませんけどね」というような答えが返ってくるものである。

しかし、これでは何がどれほど良くなったのかさっぱりわからない。頑張れば達成でき、あなたにとってもっとも適切な目標を立てたいのであれば、まずこうした抽象的な目標をやめて、できるだけ具体的な目標を立てるようにしなくてはならない。

②Measurable（計測可能）

目標がなんらかのかたちで計測可能なものであれば、いつそれを達成できたかがはっきりわかる。自分の立てた目標に対して、それがどのくらい達成されたかがよくわからなければ、あとどのくらいやればいいのかという目途も立たないし、達成したときの満足感も得られないことになってしまう。

③ Achievable（達成可能）

目標は頑張れば達成可能（チャレンジしがいのあるといってもいい）なものでなくてはならない。目標があまりに難しいと、目標そのものがプレッシャーとなって心配・不安・過緊張などを生み出し、パフォーマンスが低下する。頑張れば達成可能で、そのために全力を尽くそうと思える目標なら、心は平静で体もリラックスし、非常に集中力の高まった状態で取り組むことができる。

④ Realistic（現実的）

目標を定める前に夢（dream）を描くことは重要である。夢がなければ、人生はとてもつまらないものになってしまう。しかし、夢と目標は区別すべきである。もちろん多くの成功者たちは、大きな夢をいだいてそれを実現してきた人たちである。しかし、彼らがそうできたのも夢を現実的な目標に細分化し、それらを一つずつ確実に達成していったからに他ならない。

⑤Time Phased（期限を区切って）

期限を区切るというのも、目標を設定して達成する上ではどうしても必要なことである。たいていの人は大切なこととはわかっていても、ついつい先延ばししてしまいがちになる。「後でやろう」とか、「明日やろう」と思っているうちに、何もしないまままどんどん時間だけが過ぎていくことなどいくらでもある。

「今やらずにいつやるか、自分がやらずに誰がやるか」というほどの強い思いを持つためにも、目標は期限を区切らなくてはならない。

5 アファーメーションによるセルフイメージの拡大

こうした手順を経て適切な目標が設定されれば、セルフイメージを拡大するために必要な準備は整ったことになる。次の実行段階では、バッシャムの第八の原則が使われる（p29参照）。つまり、起こることについて考えたり話したり書いたりすればするほど、そのことが起こる確率は大きくなるという補強の原則である。

ここで使われるのがアファーメーションという方法である。アファーメーションというのは、自分が達成したい目標と達成するための具体的な方法を言葉にすることである。

Ａ４程度の紙を準備して、まず第一段落に達成したい目標の期限と内容を書く。第二段落に、その目標が達成された時の自分にとっての価値を書く。

第三段落には、目標達成のための計画のアウトラインをできるだけ具体的に書いていく。何時に起きて、どんな朝の過ごし方をするのか、食事は何を食べて、仕事の段取りはどうするのか、能力アップのために時間とお金をどう使うのかなど具体的に書く。

そして最後の第四段落に、もう一度最初と同じ目標を書く。

文章を書いていくときに、注意しておかなければならないことがいくつかある。まず一つ目は、すべて肯定文で書くこと。つまり、「〜しない」といった否定形は使わないということである。

二つ目は、主語はすべて私である。

三つ目は、目標は「私は〜であるとか、〜をやり遂げている」というように現在形、または現在完了形で書くこと。

以上の点を守りながらアファーメーションが一枚できあがったら、同じ内容のものを五枚作成する。そして日常よく目にふれるところに貼っておいて、目にするたびに必ず声に出して読み、それが実現されている光景をできるだけ鮮明にイメージする。

これまでの経験では、たいていの人は一日に二〇〜三〇回くらい読むことになる。こうしたことを繰り返していると、ただ練習だけやっている選手に比べて、目標が達成される確率が飛躍的に高まっていく。

また集団の場合には、全員がチームとしての適切な目標と個々の目標を前述したようなステップにしたがって設定する。そして、それに応じた確認書を作成して、折に触れてそれを読んだりイメージしたりする。こうした方法を実行することによって、個人個人の意欲や自信が高まるばかりでなく、チーム全体の士気や一体感が高められることになる。

6 アファーメーションの事例——大怪我からの復活をめざして

以下にはその具体例として、私のもとで一〇年以上にわたってメンタルトレーニングを行った白井一幸選手の例を掲載することにする。これは彼が、再起不能とまで言われた肩の負傷から立ち直り、一九九一年のシーズンで完全復活を遂げる時に作成したものである。

1 目標

一九九一年のシーズン終了時に、私は一三〇試合すべてに出場し、一三〇本以上のヒットを打ち、故障から完全に復活して、深い満足感をもってシーズンオフを迎えている。

2　目標達成の価値

シーズン一三〇本以上のヒットを目指すことにより、トータルとしての成果を得ればよいので、一打席一打席に一喜一憂することもなく、一シーズンを安定した心の状態で過ごすことができる。

3　目標達成の方法

そのためにはストレス・リカバリーチェック表とトレーニング管理表で、心身の調子を完全にチェックする。

次にバッティングに関しては、バットスイングの軌道をもう少しダウン気味に直す必要がある。これを修正することにより、肩の開き、軸足側のカベ、体重移動のすべてが修正できる。このポイント修正には、毎日の練習と並行してイメージを強くすることが大切である。

守備に関しては、ゴムチューブを使った肩の強化に重点をおいてトレーニングしていく。特にここ二、三年は肩をかばうあまり、守り全体のリズムを崩していたので、トレーニングによってこの不安を解消すれば、問題は解消される。

最後にメンタルな面では、自信に満ちあふれてプレーすることがもっとも必要である。そのためには今まで同様に、心のトレーニングを続けるとともに、終始チャレンジ精神あふれる選手を演じることと、実行目標を絶えず言葉にし、それに完全に集中しきることを徹底して実行していくことにより、自信に満ちあふれた態度を持ち続けてプレーすることができる。

以上のことを達成するために、毎日の目標を朝のイメージトレーニングのなかで設定し、必ずノートにそれを書き記す。また、このアファーメーションは、必ず次のような時に声に出して読み、目標が達成されている姿を絶えずイメージする。

①朝、目を覚ましたら、起き上がる前に一度読み、さらにその日の自分の目標や行動を頭の中でリハーサルする。

②練習に出かける前に、もう一度読み、その日の課題とそれが達成されているイメージを描く。

③夜、寝る前に再度、アファーメーションを読み、その日の目標や予定がうまく達成されたかどうかを反省し、記録表に記入して、翌日の目標を確認してから眠りにつく。

4　もう一度、目標

一九九一年のシーズン終了時に、私は一三〇試合すべてに出場し、一三〇本以上のヒットを打ち、故障から完全に復活して、深い満足感をもってシーズンオフを迎えている。

以上が、一九九一年のシーズンを迎えるにあたって、白井選手と私が二人で作り上げた復活のシナリオが描かれたアファーメーションである。

この年、白井選手は打率三割一分一厘（パ・リーグ三位）、出塁率四割二分六厘（パ・リーグ一位）、得点圏打率三割八分五厘（パ・リーグ一位）という成績で、肩の故障による引退の危機を完全に乗り越え、見事に「カムバック賞」に輝いたのだった。

第5章

集中力を、どうつけたらいいのか

1 集中力とは何か

心理学者は、集中力を「目前の課題に注意を払う技術」と定義している。また、レンズのピント合わせにたとえて説明されることもよくある。焦点距離がうまく合っていなければ、せっかく撮った写真もピンぼけになってしまう。こうしたことから英語では、集中のことをコンセントレーションという代わりに、フォーカシングということもある。つまり、私たちの意識を集中させるのは、カメラのレンズをしぼり込む作業と似ているというわけである。

スポーツでも仕事でも、あるいは勉強でも効率よく成果を挙げるためには、完全に集中することが必要となる。集中力が少しでも落ちれば、雑念がむくむくと頭をもたげはじめ、注意散漫になって効率は一気にダウンしてしまう。

そんな状態で本を読んだり、文章を書いたりしてもダメだということは誰でもよく知っているのだが、どうすれば高い集中状態に入り、それを保てるのかについてはあまりよく知られていない。

私は一九九三年に、アメリカ大リーグのアスレチックスで長年メンタルコーチをつとめていたハーベイ・ドルフマンが書いた『野球のメンタルトレーニング』（原題“Mental Toughness Training for Baseball”大修館書店）を翻訳した。この本の第一一章に、「集中力」が取り上げられており、その冒頭で大リーグのスーパースターたちの集中力に関するコメントがいくつも挙げられている。

たとえば、在籍一五年間に二六三二試合連続出場の大記録を成し遂げ、鉄人と呼ばれたカル・リプケンでさえも、「野球で最も難しいのは、高い集中力を保ち続けることだ。グラウンドにいる間じゅう、自分の頭からすべての雑念を取り去ることは簡単ではない」と言っている。

また「どんなときに集中していると感じるのか」という質問に対して、各人がさまざまなコメントを残している。

ジョージ・ブレット「調子がいいときは、ほとんど何も意識していないね」

ゲーリー・カーター「好調なときは自信があるのがわかるし、ボールがグレープフルーツのように見える。逆立ちしたってヒットが打てそうだ。逆に調子が悪いと、あれこれ考えすぎるし、何をするにも逃げ腰だね」

ブルース・ハースト「いいピッチングができているときは、すごく集中している感じがある。一九八三年にホワイト・ソックスを完封した試合をよく覚えているよ。強打者がズラリと並んでいたけど、まず気持ちで圧倒しようと向かっていったんだ。ピシャリと抑えるんだと毎回自分に言い聞かせて、マウンドに上がった。回を追うごとにどんどん集中力が高まってくるのが、自分でもよく分かったね」

デイル・マーフィー「ヒットが出ているときは、いろいろ考えすぎないことだ。誰だって、何でも計算通りにいくものじゃないさ。スランプになったりするのも、たいていはボール以外のことをあれこれ悩んだりするからだ。うまく打てるときは、何も考えてなんかいないよ。集中しようなんて考えて、集中できるだろうか。僕の場合は、努力して集中するというのではなくて、集中できてしまうと言ったほうが当たっている。まあ不思議な感じではあるんだけどね」

最後のマーフィーが指摘した不思議な感じ、つまり集中することに集中しようとしても、うまくいくものではないという点は、とても重要である。本当の意味での集中とは、肩をいからせたり、眉間にしわを寄せることで生まれるのではなく、もっと自然に、まるで鳥が大空を滑空しているような伸びやかな状態なのだということを、まず理解していただきたい。

たいていの人は、調子が悪くなると強引に何とかしようとしたり、うまくいかない原因を一生懸命分析しようとし始める。しかし、冷静さを欠いた分析はただ自信を失うだけで、何も解決してはくれない。本来であればやるべきことに集中すべきなのに、感情の乱れや外からのプレッシャーによって、すっかり注意散漫になってしまうのである。

こんなときにまずやらなければならないのは、注意を完全に次の行動に絞ることである。すでにやってしまった失敗のことを気にすればするほど、次もまた同じミスをする可能性は高まる。まだ起こっていない未来のことをあれこれ心配するのも同様である。

過去も未来もコントロールできないのに、ついそちらへ心が奪われるのは人間らしいといえばそれまでだが、勝負の世界では禁物である。第3章で紹介した下柳投手のグローブに刺繍された「前後際断」という禅語などは、「今なすべきことをなす」ための効果的なメンタルツールということになる。

このように集中力は、考え方や心の持ち方をコントロールすることによって身につくスキルである。確かに、生まれつきものすごい集中力を持っているのではないかと思えるような人もいないわけではない。しかしどんな人でも、練習によって自分をコントロールする能力を高めていけば、必ず高い集中力を発揮できるようになる。

行動する前に、どこに自分の注意の焦点を当てたらいいかを知っている人は、集中力が高い。さらにまた、注意すべき焦点が細かければ細かいほど、より高い集中力を得ることができる。

たとえば、あらゆるボールゲームで一番よく言われる指示は何かといえば、「ボールをよく見ろ」ということになる。確かにどんな球技でもボールをよく見ることは非常に重要だが、「ボールを見ろ」と言われても、たいていはただ漫然と見ているだけで、エラーの防止には何の役にも立たない。

ところが、次のように聞いてみるとどうなるだろうか。

「飛んでくるボールには、どんな回転がかかっているだろうか」

「ボールはネットのどれくらい上を越えてくるだろうか」

結果は、明らかである。こうした問いかけは、「ボールをよく見ろ」という指示に比べて、はるかに集中力が増すし、明確な答えも返ってくる。そして何よりも、そこまでしっかりとボールを目でとらえていれば、エラーなどするわけがないのである。

もう一つ、別の例を出しておこう。ゴルフのパッティングには、とても繊細なタッチと集中力が要求される。しかし、一m程度の短いパットならいざ知らず、一〇m以上の長いパットでは、「カップを中心とした半径一m以内に近づければよし」というのが、一般的なセオリーである。ところがゴルフのメンタルコーチとして有名なアメリカのボブ・ロテラ博士は、「どんな長いパットでも一発で入れるつもりで打て」と教える。彼の考えでは、こちらのほうがはるかに集中力が高まり、結果も良いという。仮にカップインしなくても、それほど意識を研ぎ澄まして打たれたパットなら、ボールはカップのすぐそばに止まっており、簡単にタップインできるというのである。

2 集中力のものさし

(1) 集中状態の時の脳波

心が集中状態にあるとき、体にはどのような特徴が見られるのだろうか。

かつてジョー・カミヤ博士や故平井富雄教授らによって、禅僧の瞑想中の脳波が測定された。その結果、高い集中状態にあるとき、すなわち禅定にあるときには8から12ヘルツのアルファ波や、それよりもさらに低いシータ波などが検出されることが多いと報告された。この報告を受けて、それならば何らかの方法でアルファ波を出すことができれば、それは集中状態に入ったことの証だと考える人が出てきた。

簡易な脳波バイオフィードバック装置が開発され、脳波の状態を音や光で知ることもできるようになった。ベータ波が検出されれば小川のせせらぎが聞こえ、ランプが赤色に点滅する。アルファ波なら音は小鳥のさえずりに変わり、緑色のランプが点灯するという仕組みである。

今から二〇年ほど前には、私もこうした装置を使ってスポーツ選手の脳波の状態を調べたり、集中力のトレーニングに利用したことがある。野球選手でいえば、当時、巨人軍の花形選手だった中畑清選手（現・DeNA監督）、鹿取義隆投手（現・野球評論家）、角三男投手（盈男、現・野球評論家）など、たくさんの選手たちの脳波を測定した。

そんな中でも、きわだって印象に残っているのは鹿取投手だった。脳波バイオフィードバック装置をコンピュータにつなぎ、測定を開始する。たいていは椅子に座り、静かに目を閉じて、自分がもっとも集中している状態をイメージしてもらう。

測定は一〇分ほど行うのだが、鹿取投手の場合は測定を開始するやいなや、バイオフィードバック装置からはずっと小鳥のさえずり音が聞こえ、緑色のランプが最後まで点灯し続けたのである。そしてコンピュータのディスプレイには、非常に強いアルファ波が出続けていることが表示されていた。

測定が終了してから本人に、「目を閉じて、何をイメージしていたのですか」とたずねると、「ピッチャー鹿取という場内アナウンスを聞いてからマウンドに向かい、投球練習をしているところをイメージしていました」という答えが返ってきた。すでにその頃までに二〇〇名以上のトップスポーツ選手の脳波を測定していた私も、こんな結果は初めてだったのでほんとうにびっくりしたものである。それと同時に、当時の王監督から抑えの切り札として絶大な信頼を得ていた鹿取投手の、心の強さの秘密をかいま見たような気がしたものだった。

この他にも、非常に興味深い測定結果が数多く見られたのだが、現在、私はこうした脳波バイオフィードバック装置をまったく使わなくなってしまった。それは次のような理由によっている。

スポーツ選手の頭や体内で何が起きているかを知りたい状況というのは、当然ながら激しい筋肉運動の最中である。ところが脳波は、筋肉の放電量に比べればごく微細なものである。したがって現時点では、運動中の選手の脳波状態を的確にモニターする方法は見つかっていない。脳が体を動かすことは当然で、私もこうしたハイテク機器をメンタルトレーニングに利用して、より効率の良い指導をしたいとは思っている。

しかしこうした理由で、残念ながら現時点では脳波バイオフィードバック装置を利用することはまったくなくなってしまったのである。

(2) ハートレートモニターによる心拍の測定

脳波バイオフィードバック装置に代わって、私がスポーツ選手の心理状態、とりわけ感情コントロールの巧拙と集中力の高さを調べる一つの方法として利用しているのがハートレートモニターを使った心拍データの測定である。これは本来、運動中の人間の心臓循環器系の能力を測定し、適切な持久性トレーニングプログラムを作成するために開発された機器である。

胸にセンサーのついたベルトを装着し、腕時計に似た受信装置を腕につける。するとすぐに心拍数が表示される。競技開始直前にスタートボタンを押すと、五秒ごとの心拍データがストップボタンを押すまで記録され続ける。競技終了後、受信機をコンピュータと接続して特殊なソフトで処理すると、わずか数秒でグラフ化され競技中の心臓の動きを知ることができる。さらに競技中のすべての行動をビデオで撮影し、心拍データとの時間照合をすれば、ミスする前後の感情の動きや集中の度合いといったメンタル面の様子が、心臓の動きを手がかりに把握できるわけである。

ところで、みなさんは自分が静かに座っているときの心拍数（安静時心拍数）をご存知だろうか。できれば朝起きてすぐに、一分間だけ自分の脈拍を測る習慣をつけることをお勧めしたい。だいたい七〇前後が一般的だが、低年齢者やスタミナのある人は、この安静時心拍数が五〇から六〇くらいであることも珍しくない。ここではこうした数値が問題なのではなく、まずいつもの自分の安静時心拍数を知り、それが毎朝どのように変わっているかで、そのときどきの健康状態を知る手がかりにしてほしいということである。

ところがスポーツで最高のプレーをするには、この安静時心拍数を知るだけでは十分ではない。心臓は運動と密接な関連をもっており、運動の仕方によって心拍数は大きく変化する。たとえば一〇〇mを全力でダッシュした直後の心拍数は、二〇〇近くまで上がることさえある。また横になってウトウトしているような状態では、安静時心拍数よりももっと低くなる。

しかし心拍数は、こうした運動の強弱によってだけ変化するのではない。疲れ具合や心の状態でも驚くほどの変化を見せる。

大きなプレッシャーを感じるような場面で、心臓がドキドキするのを感じた経験はないだろうか。一〇〇m競走のスタート直前では、まだ走っていないわけだから、運動によって心拍数が高くなるわけではない。しかし、たいていの人はスタートのプレッシャーで心拍数が高くなってしまう。アガリ性の人などは、じっと待っているだけで、心拍数が一六〇以上になることも珍しくない。

心拍数一六〇といえば、息はハアハア、胸はドキドキ状態である。これではとても実力を十分に発揮できない。それではどんな時でも、安静時の心拍数である七〇前後を保てるようにしたほうがよいのだろうか。答えは意外にもノーである

テニスのトッププレーヤーがすばらしいプレーをしている最中の心拍数は、一一〇から一五〇の間であること（安静時心拍数が七〇前後の場合）をジム・レイヤーは明らかにした。わかりやすく言えば、スポーツ選手がよいプレーをするにはプレー中の心拍数が一〇〇を切るようなゆったりした状態でも、一五〇を超えて息はハアハア、心臓はドキドキという状態でもダメだということである。つまり、適度な緊張を感じているときには、心臓も安静時心拍数の二倍程度で動いており、それによってキレのあるすばらしい動きが可能になるということである。

表① K選手の射撃中の心拍数の推移

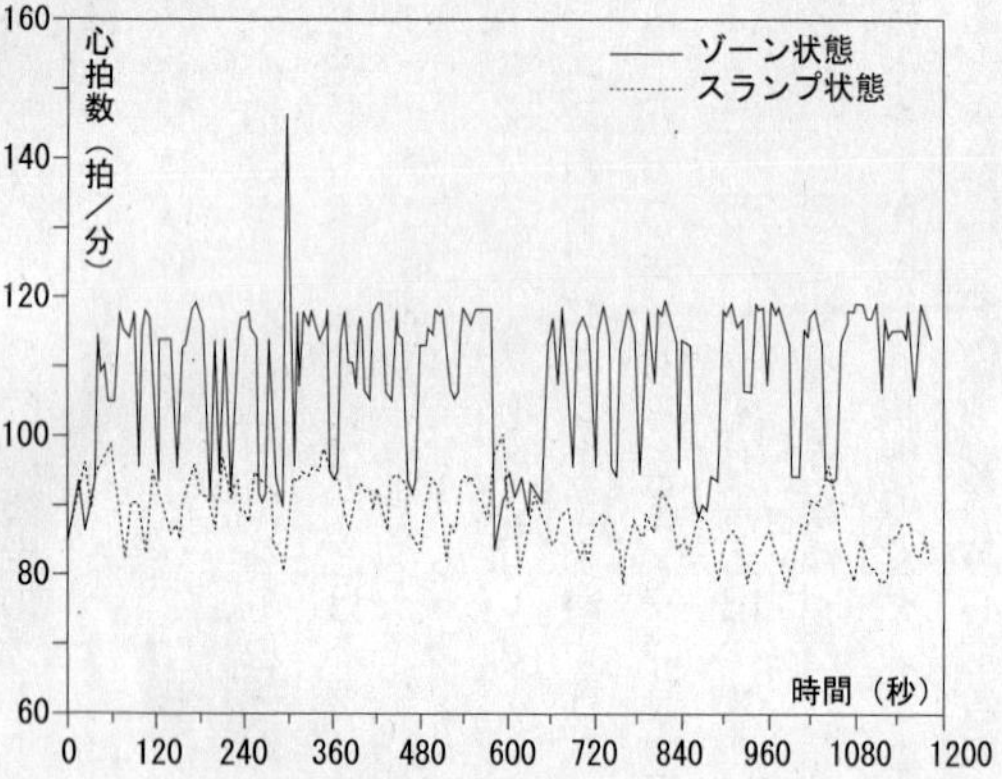

このことを、たいへんな集中力が要求されるクレー射撃選手の事例で説明してみよう。

表①を見てみよう。表中の実線は一九九七年九月の本部公式で優勝したK選手の満射時（二五発すべて命中）のものである。一般に、選手が精神集中すれば心拍数は高くなり、リラックスすれば低下していく。クレー射撃の競技の性質上、最初の一発目から最後の二五発目まで、まったく同じような緊張と弛緩のリズムが繰り返されることが精神の安定、ひいては競技成績の安定性という意味では望ましい。その点からも、この時のK選手の心拍グラフは、理想的な波線を描いている。

いつもこの心身の状態で射撃できればよいのだが、生身の人間である私たちはなかなかそうはいかないのが現実である。表中の点線は、同じＫ選手のもので、約一カ月前に行われた本部公式の時に測定した。この時は競技中のしぐさや表情にまったく覇気がなく、得点もわずかに一八点にとどまる絶不調状態だった。

測定に携わった私も、わずか一カ月でこれほどまでに人は変われるものかと思えるほど、優勝した時のＫ選手の射撃はすばらしかった。その直後の日本選手権でも好調を維持し、堂々の二位となった。そのことをあらかじめ予測できるほどの測定データだったことを付言しておきたい。

3 逆U字カーブ――集中力が最も高まる時とは

表②を見ていただきたい。二〇〇八年に出版された『最強の集中術』(ルーシー・ジョー・パラディーノ著・森田由美訳・エクスナレッジ)に掲載されたものである。パラディーノによるとこの逆U字カーブは、心理学者のロバート・ヤーキーズとジョン・ドットソンが一九〇八年に考案した「ヤーキーズ＝ドットソンの法則」をあらわしたものだという。つまり一〇〇年以上前のものである。

このことについてパラディーノは、次のように述べている。

「この法則によると、覚醒レベル(刺激レベル)が高まると課題の成績(集中力)も向上するが、覚醒レベルが一定限度を超えると、逆に成績が低下するという。

この逆U字カーブは長年にわたり、生物心理学や神経科学の研究成果を説明する普

表②　逆U字カーブと集中ゾーン

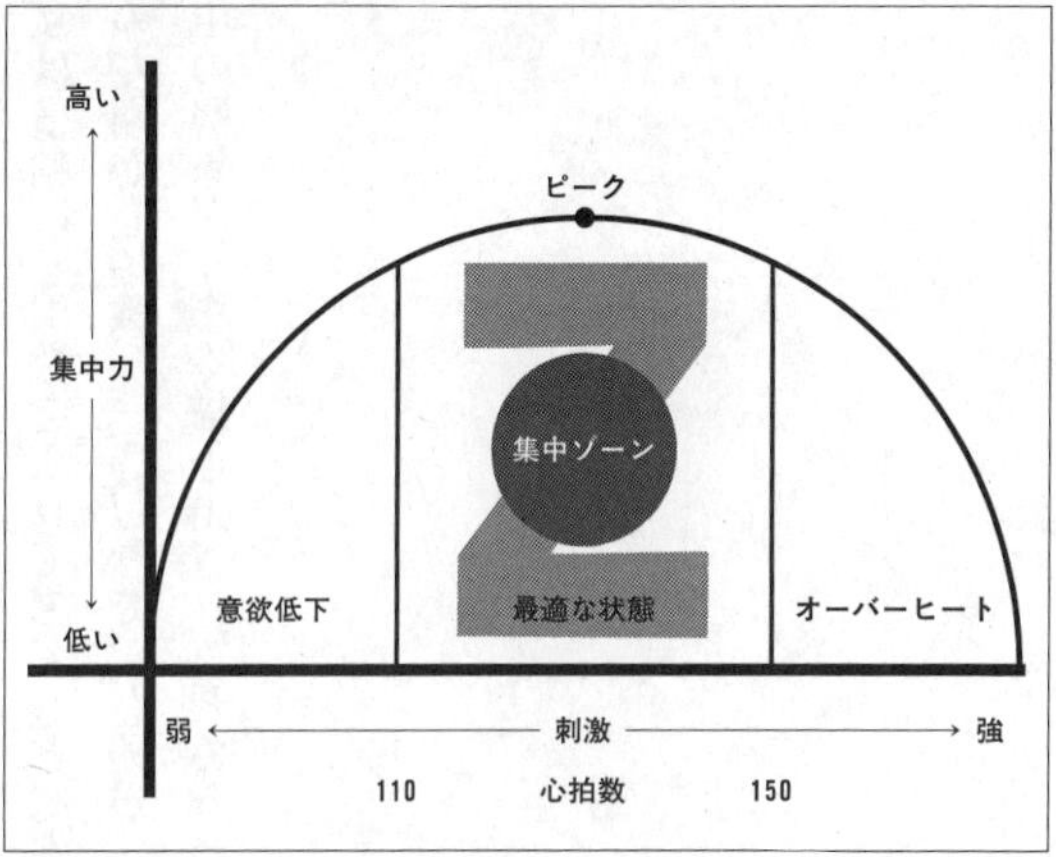

遍的な原則として活用されてきた。また研究の進展により、この有名な曲線グラフには様々なバリエーションがあることも確認されている。逆U字カーブは、スポーツ心理学の中心的概念であり、世界トップレベルの運動選手がこのカーブを集中力コントロールの練習に使用している。

横軸は刺激でなく、意欲・緊張・動機づけ・アドレナリン分泌量・生理的覚醒などと呼ばれることもある。縦軸も場合によっては、集中力でなく選択的注意・知力・作業効率などとされる。カーブの中央部（集中ゾーン）にも、最適作業範囲・個別最適機能ゾーン、あるいはスポーツの世界では単に〝ゾーン〟といった別名もある」と。

私は横軸に心拍数を入れてみてもとてもわかりやすいと考えている。つまり、ゾーンの左端が心拍数一一〇辺りで、右端が一五〇辺りとすると前節で説明した心拍数と集中の関係がうまく描き出されるというわけである（安静時心拍数が七〇前後の場合）。

4 インナーゲーム（精神集中を利用したスポーツ自然上達法）

エゴの働きを抑え、本来の自己の働きにまかせることで良いプレーができる。そこに着目して、ユニークなスポーツの指導論を展開した人がいた。一九七〇年代に「インナーゲーム」理論を提唱したアメリカのティモシー・ガルウェイである。ハーバード大学で心理学と東洋思想を学び、テニスのレッスン・プロをしながらヨーガの哲学を基盤とした独特なスポーツ指導論を築き上げることになる。心の力、とりわけ精神集中を利用した彼のスポーツ自然上達法は「インナーゲーム」と呼ばれ、スポーツ科学者よりも、実戦の場で激しい戦いを強いられている選手やコーチの間でいまだに高く評価されている。

インナーゲームの中心的な考え方は、次のようなものである。ちなみにガルウェイは、エゴとセルフとは言わずにセルフ1（自我）とセルフ2（自己）としている。「人間の心にはセルフ1とセルフ2という二人の自分が住んでおり、セルフ2の働きにまかせておけば、運動を自然に習得したり修正したりする能力を本来持っている。しかし通常はセルフ1がそれを妨害しているために、学習効率が落ちてしまう。」

ガルウェイは、細かいことは意識せずに、ボールがバウンドしたら「バウンス」、ラケットに当たる瞬間に「ヒット」と声を出して言うだけで、驚くほど簡単にボールが相手コートに飛んでいくと言った。これが精神集中を利用したスポーツ自然上達法の代表例「バウンス・ヒット法」である。バウンドやインパクトの瞬間を注視し、正確に声を出そうとすることで集中力が高められる。そして一点に注意が集中されれば、体は自然にそれにふさわしい動きを「してしまう」ものなのである。

逆に、グリップの仕方から始まって、バックスイング、インパクトの位置、フォロースルー、フットワークなどの技術的なポイントを細かく意識すればするほど、かえって体は硬くなってミスを連発する。ムカデ（百足）が自分の足を一つずつ意識して動かそうとして（そんなことはもちろんありえないが）、動けなくなってしまうようなものである。

技術的なポイントやその誤りを指摘するのが運動の指導だと思い込んでいる人にとっては、このインナーゲーム的な手法はなんとも頼りなく、いい加減に見えるかもしれない。実は私自身も初めてガルウェイの『インナーゲーム』（日刊スポーツ出版社・一九七六年）を読んだ時には「へえー、おもしろい指導法があるもんだなあ。でも、こんな簡単なやり方でうまくいくんだったら苦労はしないよ」とやや批判的に彼の一連の著作をとらえていた。

私がガルウェイの『インナーゲーム』を初めて読んだのは一九七六年のことだった。「栄光は血と汗と涙でつかめ！」といったスポ根アニメ程度の考え方しか持っていなかった当時の私では、理解できないのも当然だった。ガルウェイ自身は、自ら開発した画期的なテニスの指導法を禅テニスとかヨーガテニスと言っている。しかし、その頃はまだ禅やヨーガについてまったく無知だった私は、彼の方法のごく表面しかわからずに、「こんなもので、うまくいったらいいけどね」と冷めた目で見ていたのである。知らないということは、ほんとうに恐ろしい。

私は一九八一年から坐禅の修行を始め、禅を中心とした仏教書をよく読むようになった。川上哲治氏の『坐禅とスポーツ』（成美堂出版・一九八一年）に啓発されて、指導者としての心を学ぶために始めたことだった。毎朝一時間近く坐禅をしても、それがインナーゲームとつながってはこなかった。

それから四年が経ち一九八五年になって、当時、日本のヨーガの第一人者だった故佐保田鶴治氏にお会いする機会を得た。そしてこれを機に、私はヨーガを実践するようになり、あわせてインド哲学も勉強するようになった。そこではじめて、『インナーゲーム』の根底にある東洋的人間観に気づくことになったのである。初めてガルウェイの本を手にして一〇年が経っていた。

ガルウェイのインナーゲームでは、あれこれ細かな技術ポイントの指導をしない。これを彼は、「ドングリの実には、立派な樫の木になれる力がすべて備わっている」というたとえで表現する。つまり一粒のドングリの実にも、樫の大木になれる要素はすべて備わっているのと同じように、人間には本来すべてのことを上手にやれる能力が潜んでおり、したがって教え込むのではなく引き出すことこそが教育の原点と彼は考えたのである。

ちなみに一九八〇年代にアメリカで生まれ、九〇年代半ばに日本に導入されたビジネスコーチング（今はただコーチングとだけ言う場合が多い）は、ガルウェイがそのルーツだという人が多い。この辺りの事情については、『マネジメント革命』（天外伺朗著・講談社・二〇〇六年）や『人の力を引き出すコーチング術』（原口佳典著・平凡社新書・二〇〇八年）、あるいは『ＮＬＰでコーチング』（ジョセフ・オコナー＆アンドレア・ラゲス著・チーム医療・二〇〇六年）などに詳しく述べられているので参照していただきたい。

5 インナーテニスの驚くべき成果

ガルウェイの最初の著作『インナーゲーム』の出版から四〇年近くになるが、今も世界で幅広い読者層に支持され続けている。たとえば、ゴルフのヨーロッパツアーで七年連続賞金王（一九九三〜九九年）に輝いたコリン・モンゴメリー（英国）のメンタルアドバイザーであったアラン・ファインは、その指導テクニックの多くをアメリカまで出向いてガルウェイから学んだ。彼の著書『Mind over Golf — How to achieve peak performance』（拙訳『ゴルフ頭脳革命』大修館書店・一九九六年）を私が手にしたのは、九五年にスウェーデンで行われた体操競技のヨーロッパ選手権に出向いたときのことだった。

ストックホルムの書店で彼の本とビデオを見つけた私は、その序文を読んで驚いてしまった。私はすでにそのとき、ガルウェイの一連の著作を日本語版ばかりでなく英語、ドイツ語版まで入手していた。しかしその継承者たちの書いたものは、その時点ではまだ目にしたことがなかったからである。ファインは、そのきっかけになった出来事を次のように書いている。

「私は最初、テニスコーチという職業についた。そしてテニスのレッスンをしていくなかで、よく出くわしたのが次のような問題であった。私が生徒たちにストロークの仕方、たとえばバックハンドストロークを教えようとするとしよう。当然のことながら生徒たちも、私が言ったとおりに一生懸命やろうとする。ところがグリップ、バックスイング、インパクトのタイミングなどを細かく教えているのに、どういうわけだかあまり上手にならないのである。

それでも私は、指導している内容にまちがいはないと信じていたので、何度も繰り返し同じアドバイスをし続けた。ところが私が懸命になればなるほど、生徒たちの動きはますますぎこちなくなり、当然、ストロークも悪くなる一方になってしまった。どうやら彼らは、私がアドバイスしたバックハンドをうまく打つためにやらなければならないすべてのポイントを頭で考えるのに忙しく、ラケットを振りだそうとする頃には、もうボールが通り過ぎてしまっているような始末だったのである。そんなありさまを見た私は、これではとてもテニスにならないので、いったんゲームをやめさせようとした。つまり、すべての責任は私にではなく、私のアドバイスを聞かない生徒の方にあると思っていたのである。

しかし、それは大きなまちがいだった。すべての問題の原因は生徒たちにではなく、私にあったのである。私はテニスコートでどうプレーするのか、あるいはさせたらいいのかということばかりに気持ちがとらわれており、生徒たちがどんなふうにストロークを練習したらいちばん楽しく、また覚えやすいのかということについてはまったく関心がなかったのである。私のそれまでのレッスンは、コーチとして生徒たちにこうやって欲しいということばかりに終始しており、テニスの技術を生徒自身がうまく身につけるにはどうすればいいのかというものではなかったのである。……（中略）……

そんな私が、まさに目からうろこが落ちる思いをすることになったのは、ティモシー・ガルウェイの『インナーゲーム』の中で述べられているある指導テクニックを応用したときのことだった。ある時私は、九歳の女の子を六週間ほど教えていた。

その時まで彼女は、練習コートで私とフォアとバックのラリーをやっても、決して六回以上続くことはなかった。私には彼女の運動神経があまりいいようには思えなかったので、技術的なアドバイスはできるだけ単純でわかりやすいものにしていた。それでも何度やっても、彼女のボールはすぐにネットにかかってしまうのである。

しかしオーソドックスな指導法では、彼女がなかなか上達しないと思った私は、ガルウェイのテクニックの一つをためしてみようと決意した。そこでまず、私が彼女にこれまでに教えたことはすべて忘れるように言い、その代わりにボールがコートにバウンドしたところを「バウンス」、ラケットに当たる瞬間を「ヒット」と毎回必ず言うようにとだけ指示した。結果は驚くばかりだった。なんと彼女は、はじめから五三回も連続してラリーを続けたのである。彼女はすっかり感激していたし、彼女の母親はほとんど椅子から転げ落ちんばかりに驚き、そして私はといったら悲しさと怒りに震えていたのである。私にはどうしてこんな劇的なことが起こったのか理解できなかったし、同時にそれまでに正しいと思って教えてきたことはいったい何だったのかという無力感が心の中にただよい、すっかり困惑してしまったのである。」

こうした指導法は、従来のスポーツ技術の指導からいえば、いささか乱暴なやり方のように思えるが、精神集中による学習効率の向上という点から見れば、これ以上合理的な方法はない。すなわち、かつて武士たちが参禅することによって得ようとした深い集中状態である無我の境地を、ボールの動きを注視し、声に出す(視覚による注意集中)という簡単な行為によって実現してしまっているのである。

われわれ人間には、視覚、聴覚、嗅覚、味覚、触覚の五つの感覚(五感)があり、これらの働きによって外界の情報をキャッチし、それに応じた行動がとれるようになっている。しかし、逆に言えば、こうした感覚がそれぞれに働けば働くほど、心が乱される可能性は高くなるのである。

この五感のうちの一つの感覚の働きだけを鋭敏にし、残りの四つの働きを止めると、外部から入ってくる情報は極端に少なくなり、その結果、比較的容易に精神集中の状態に入っていくことができる。つまり感覚をコントロールすることで、心をコントロールしようというのである。

四〇〇〇年以上の歴史をもつヨーガには、「ヨーガの八部門」と呼ばれる八つの修行段階がある。具体的には、

①ヤマ（禁戒）
非暴力、正直、不盗、不貪、禁欲
②ニヤマ（勧戒）
清浄、知足、苦行、読誦、祈り
③アーサナ（ヨーガの体操）
基本的なものでも約二五〇種類
④プラーナヤーマ（調気法）
呼吸法、約五〇種類
⑤プラティアハラ（制感）
五感のコントロール＝外部集中
⑥ダーラナ（凝念）
深い精神集中の訓練＝内部集中
⑦ディヤーナ（静慮）
反省瞑想、自己実現瞑想など
⑧サマーディ三昧（無我の境地）

私が一九八五年に当時大阪大学名誉教授で、日本のヨーガの第一人者だった佐保田鶴治先生にお目にかかる機会を得てヨーガを始め、現在に至っていることは前に少し述べた。最初の三年間は、第三段階のアーサナといわれる体操中心のヨーガを行っていた。今でも全国各地にあるヨーガ教室の多くは、この体操を中心としたものである。

しかし、いろいろ勉強していくうちに、伝統的なヨーガ行法には呼吸法や瞑想などもっと深い段階があることに気づき、そうした段階も修行してみたいと思うようになっていった。その願いがかなえられるのは、太田監督やバッシャムと出会ったのと同じ一九八八年のことだったのである。

この年の一〇月に、私は現在のヨーガの師である木村慧心先生（日本ヨーガ療法学会理事長）にお目にかかり、以来ずっとヨーガのさまざまな行法を教えていただいている。

木村先生は、一九四七年群馬県に生まれ、私と同じ東京教育大学（現・筑波大学）の理学部の出身である。大学卒業後、京都大学で宗教学を勉強した後、インドへ渡り、生涯の師となるスワミ・ヨーゲシュヴァラナンダ大師に出会うことになる。ヒマラヤのシュヴァラナンダ大師のもとで一〇年近くにわたって修行し、世界でも数少ないラージャ・ヨーガ・アチャルヤ（導師）となった方である。このラージャ・ヨーガとは、別名、「アシュタンガ（八つの）・ヨーガ」と言われ、前述のヨーガの八部門を総合的に修するとともに、とりわけ瞑想を重視するヨーガである。

私は木村先生からさまざまな伝統的ヨーガ行法を教えていただくにつれ、それをスポーツのメンタルトレーニングに応用することを試みるようになっていった。前述したガルウェイのインナーゲーム理論についても、その深い意味に気づけたのは木村先生のお陰である。

そういう視点から見ると、ヨーガには集中力を高める方法がほんとうにたくさんある。

先の八部門でも、直接的な集中力の養成は⑤のプラティアハラ（制感）と⑥ダーラナ（凝念）だが、スポーツのトップ選手でも最初からこの段階のものがやれるわけではない。つまり、③のアーサナ（ヨーガの体操）や、④のプラーナヤーマ（調気法）をやるだけでも集中力の養成には十分な効果があるのである。

こうしたことを踏まえて、以下にその方法のいくつかを紹介することにしたい。

6 ヨーガ行法を応用した集中力養成法

(1) アーサナ(体操)による集中力の養成

アーサナには、ごく簡単なものからとても人間業とは思えないようなアクロバティックなポーズまである。一般の方はよく、そうした難しいポーズをすることがヨーガだと勘違いすることが多い。しかし、ヨーガ本来の目的は「自らに気づき」、「心と体を調える」という点にある。

だからよく私が、「ヨーガはとても心や体にいいですよ」と勧めても、「いえ、私は体が硬いので無理です」という返事が返ってきたりする。こうした方に私が、「いえ、硬い人の方がかえって気づきにはいいのですが」と言うと、みなさん不思議そうな顔をする。

試しに一つだけアーサナをやってみていただくことにしよう。ただし、こんな簡単な体操でも、四つの原則を守ってやっていただきたい。もしこれを守らずに西洋的な体操のようにパッパとやってしまえば、一〇秒もかからずに終わってしまう。しかし、それではヨーガではない。

四つの原則とは以下のようである。

①　動作はきわめてゆっくり行う。
②　動作を呼吸に合わせて行う。
③　常に意識を自分の内部に集中させる。
④　緊張と弛緩のなめらかな交替に心を配り、とくに弛緩を大切にする。

アーサナの一例　脚と腕の体操

①　目を閉じて仰向けで寝る。
②　鼻から息を吸いながら、ゆっくり片腕を上げていく。
③　息を吸い終わったところで、床に手の甲が着くようにする。

腕の体操（①〜⑤を両腕で行う）

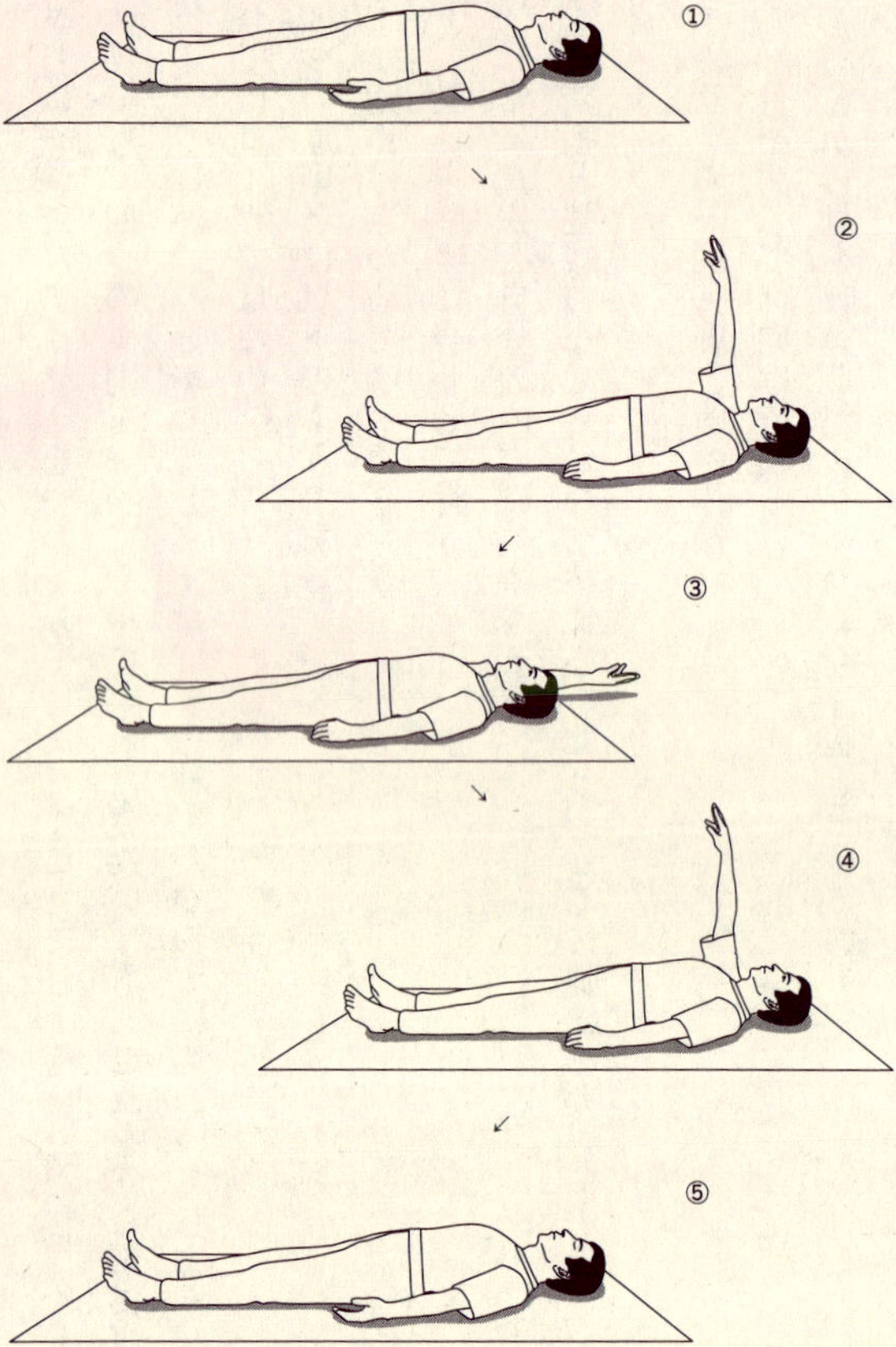

足の体操（①〜③を両脚で行う）

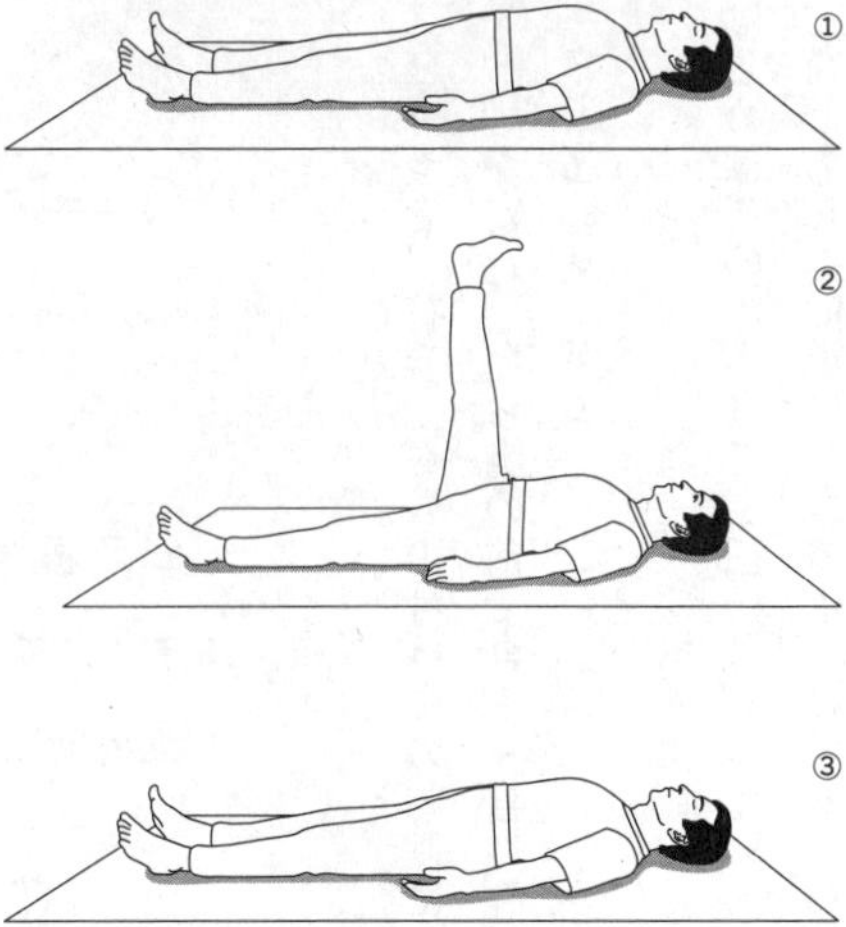

そのまま普通呼吸で二〇秒から三〇秒ほどポーズを保つ。

④　息を吐きながら片腕を戻す。

⑤　左右の腕、左右の脚、両腕の順で行う。

四つの原則を守りながらこうしてアーサナを行えば、自分の体の内部に注意を向けることになり、体を動かしながらも意識は内側へと集中するようになる。

数あるアーサナの中でも、集中力の養成に効果的だと私が思い、選手たちによく指導しているのが、バランス系のアーサナである。

立木のポーズ

立木のポーズ
① かかとつま先をくっつけて、太ももの内側からお腹まで締め、背スジを伸ばし、耳・肩・指先の位置が一直線になるように立つ。
② 鼻から息を吸いながら、左足のかかとを持って、右の太ももの付け根の内側に左足の裏をくっつけて安定させる。
③ 足が安定したら胸の前で合掌。自然呼吸を続けながらキープし、肩の力は抜いて床と垂直に保つ。

はじめはこのポーズで、三〇秒立っていられるかどうか試していただきたい。左右どちらも簡単にできるようになったら、静止している時間を延ばしていく。五分の静止を無理なくできるようになったら、今度は目を閉じて行う。目を閉じたとたんに、すぐにグラグラするかもしれないが、これも五秒、一〇秒と静止時間を延

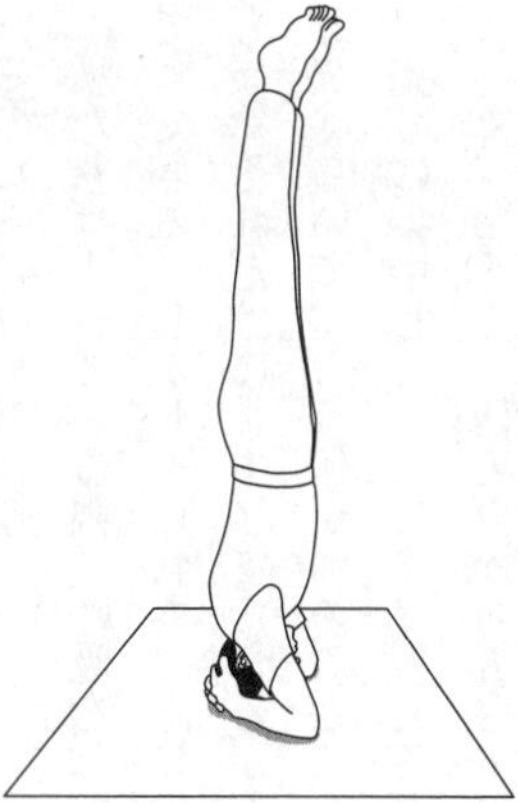

ばしていき、五分程度はやれるまで練習していただきたい。

やってみればすぐにわかるが、目を閉じてこのポーズを保ち続けるには、かなりの集中力が必要である。もしさらに興味があれば、立っている時間がどんどん長くなるようにチャレンジしてみればよい。一時間以上立っている人もいるし、インドでは一日中立っている人もいるので試してみてはいかがだろうか。

私は、こうした足で立つバランス系のアーサナもよくやるし、また上図のような逆立ちでずっと立っていることにも時々チャレンジする。これも五分や一〇分程度立っていることは、それほど難しいことではない。

(2) プラーナヤーマ（調気法）による集中力の養成法

すでに第2章の感情コントロールのところで、ヨーガの二つの呼吸法を紹介しておいた（p89参照）。ここでは、集中力を高めるのに最適な呼吸法を一つだけ紹介することにしたい。

それは呼気数息法といわれるものである。呼気だから、息を吐くときに数を数えていく。坐禅でも数息観というのがある。これは息を吐きながら一から一〇まで数え、一〇までいったらまた一から数えていくという方法である。

これに対して呼気数息法では、まずゆっくりと息を吸い、吐く息に合わせて一（イーチ、ニーイ）と数えていく。そして一〇で戻らずに、一一、一二、一三と数を数えていく。それが一〇〇になっても一〇〇〇になっても、集中を保ったまま数え続けられるのなら続けてみよう。

私たちは生きている限り呼吸をしているので、吐く息に合わせて数を数えるなど誰でもできる。しかし、これも実際にやっていただければすぐにわかるが、なんの雑念もなくそれだけに集中してできるかというと、これがなかなか難しい。ひょっとすると三ぐらいで、もう何か別のことに心がとらわれている自分に気づくかもしれない。

完全に集中して一〇〇まで数えると、呼吸そのものは非常にゆったりと行われているので、おそらく四五分から五〇分ほどがあっという間に経ってしまうことだろう。

退屈な講義を聞かざるを得ない一時間と、自分の好きなことに熱中して過ごす一時間は、物理的にはどちらも同じ一時間だが、主観的にはまったく違っていることは誰もが知っていることだろう。楽しい時は、あっという間に過ぎる。

　この呼気数息法の場合も同じで、一〇〇まで数えても、まだ数分しか経っていないような時間感覚を得たとき、それはすばらしい集中状態にあったと言ってよいと思う。

(3) プラティアハラ(制感)による集中力の養成

　私たちは五つの感覚(視覚、聴覚、嗅覚、味覚、触覚)を持っており、それによって外の世界を知覚することができる。ところがわれわれの心を惑わすさまざまな欲望は、ほとんどがこの五感を喜ばせようとして生じるものなのである。逆に、私たちがこうした知覚プロセスを意識的に断ち切ることができれば、自らの内部で経過しているさまざまな事柄に対してさらに意識を集中することができるようになる。もちろん、そのためには自分の感覚とその働きをコントロールできることが前提になっている。

　これまで人間は、感覚をコントロールする訓練法を数多く開発してきた。たとえば視覚についてはは仏典の『観無量寿経』の中にも書かれているように、沈みゆく夕日をじっと凝視したり（日想観）、ローソクの炎を見つめ続けることで視覚という感覚をフルに働かせ、残りの四つの感覚は、あたかも働きを止めるがごとき状態にするような行法がある。

聴覚の場合には、耳も聾せんばかりの滝壺の前に坐って、そこを飛び交う小鳥のさえずりを聞き取ろうとするような行がこれにあたる。

以下に述べるトラータカというヨーガの行法は、視覚を利用した精神集中力の訓練を目的としている。トラータカとは、ある特定の対象物に眼の焦点を合わせて見続けることで、集中力を高める伝統的なやり方だが、同時に眼の筋肉を強化する方法でもある。このためヨーガの各種行法を心身相関疾患の治療に利用しているヨーガセラピーでは、眼疾患の症状軽減にもこの方法が利用されている。

凝視する対象物には、もちろん指ばかりでなく、さまざまなものが利用される。たとえば壁の上の黒い点とか、マンダラのような仏画、静かに澄みわたった湖面、月、水晶球などいろいろある。

いずれにしても自分が選んだ対象物を、できるだけまばたきせずに見続けるようにする。しばらくして涙が出てきたり、眼が痛くなったりしたら、眼を静かに閉じて、今度は心の中でその対象物を凝視し坐り続ける。どのようなトラータカを行う場合でも、眼前の一点とか対象物を見続け、そこに全神経を集中させなくてはならない。そして集中できる時間を少しずつ長くしていくようにする。その間、雑念を押さえ込んで、それがわき上がらないようにし続けることが肝心である。

ヨーガ行者の中には、二〜三時間もこの行法をやり続ける人がいるという。もちろん、一般の方はそんなに長い時間トレーニングする必要はない。

トラータカには、指を使ったジャトル・トラータカと、ローソクを用いるジョオティ・トラータカの二つの方法があるが、本書ではジョオティ・トラータカについて紹介することにしたい。

まず眼を水でよく洗う。次に眼球を上下、左右、斜め、回転（時計回りと反時計回り）方向に各一〇〜二〇回ほど動かして、眼を動かしている六本の眼筋をよくストレッチする。

〈ジョオティ・トラータカ〉

床に直接坐っても、イスに腰掛けてもかまわないが、ローソクを一ｍほどの距離に目線よりやや低くして置く。準備ができたら、背筋を気持ちよく伸ばし、そのローソクを次のような手順で凝視する。

① 片手で片眼を覆い、開いている方の眼でローソクの炎を見つめながら体を左右に揺らす。約一分から四分。

② 炎のふちに焦点を定め、約三〇秒から二分の間で凝視する。

③ 今度はローソクの芯の先に焦点を合わせ、約二〇秒から二分の間で凝視する。

④ 焦点を定めずに炎全体を見るようにし、外側のオーラにまで意識を拡大していくように広げていく。約一分ほど行ったら、眼を閉じて炎をイメージし、再び眼を開けて二回から三回反復する。

このトラータカを行う際にも、一回ごとにパーミング（両手のひらをこすり合わせ、温かくなった手のひらで両眼を軽く覆う）を行い、そのつど眼をリラックスさせるようにする。

こうした基礎的な練習を続けていると、何かの拍子に心が乱れそうになっても、雑念に心が奪われずに集中を保つことができるようになる。心のバランスが崩れそうになったら、体のバランスから調えればよい。高ぶる心をゆっくりした呼吸で調えてもよい。また、不安になって眼が宙をさまよいそうになったら、どこか一点を凝視して集中を取り戻すようにするのである。

第6章

ゾーン、あるいはフローというピークの状態

1 ゾーンの威力、不思議な心の状態

世界各国のトッププロが一堂に会して戦うゴルフ・ワールドカップが、初めて日本で開催されたのは二〇〇一年の一二月のことだった。その最終日の最終ホールで、世界最強といわれたタイガー・ウッズとデビッド・デュバルのアメリカチームは、大ピンチに陥っていた。

残り1ホールでトップと2打差、しかもグリーンをねらったデュバルの第2打は右にはずれてしまった。次の第3打をタイガーが直接カップインしてイーグルをとらなければ、南アフリカに世界一の座を持って行かれてしまうというところまで追い込まれていたのである。

軽いスロープの上に切られたピンはエッジに近く、いかにタイガーでもこの状況でチップインイーグルをとるのは、まさに奇跡としかいいようのない状況だった。しかし、澄み切った眼で入念にラインを読んだタイガーのアプローチショットは、グリーン手前でワンクッションした後、吸い寄せられるようにカップに向かっていき、ほんとうに入ってしまったのである。

ギャラリースタンドは興奮のるつぼと化し、解説の金井清一プロも「信じられない……」と言った後、絶句してしまったほどだった。タイガーをはじめとする世界のスーパースターたちは、さまざまなスポーツでこうしたミラクルプレーを見せてくれる。そしてそうした状態を彼らは、「ゾーン」と呼んでいるのである。

一九九〇年代の後半から、日本でもこうした究極の集中状態でプレーすることを「ゾーンに入る」などと言うようになった。そのきっかけとなったのは、私が一九九二年に、ゴルフの全米オープンチャンピオン（一九八一年）であるデビッド・グラハムの『ゴルフのメンタルトレーニング』（大修館書店）を翻訳し、出版したところにある。

私はこの本を、第2章「4　内的プレッシャー克服法〝感情コントロールの技術〟」のところで紹介したジム・レイヤーに初めて会った時に見せてもらった。一九九〇年のことである。この年の一一月に、レイヤーのメンタルトレーニング・セミナーが、完成直後の吉田記念テニストレーニングセンター（千葉県柏市）で開催された。コナーズ、ナブラチロワ、アガシ、サバティーニなど、彼に指導を受けたトッププレーヤーは枚挙にいとまがない。テニスですばらしい実績をあげている彼のセミナーは、「私はいかにサバティーニを蘇らせたか」という実に興味深いテーマだった。

レイヤーは、この年の四月から不調だったサバティーニにメンタルトレーニングを指導したのである。それからわずかに四カ月。蘇ったサバティーニは、女王シュテフィー・グラフをストレートで下して全米オープンのチャンピオンとなったのである。この一連のメンタルトレーニングのプロセスを、ビデオをまじえながらわかりやすく説明してくれた。

講演が終わって、午後はコートで実技研修というその間の昼休みに、私は主催者の方のご配慮でレイヤーと一緒に食事をしながら、いろいろ話をする機会を得た。その時に紹介されたのが、デビッド・グラハムの"Mental Toughness Training for Golf"、つまり翌々年に私が翻訳して出版することになる『ゴルフのメンタルトレーニング』である。

レイヤーは私にこの本を紹介してくれながら、こう言った。「グラハムは全米オープンチャンピオンなんですよ。スポーツ選手の本というのは、たいていインタビューしたものをライターが文字にして本にしますよね。これはアメリカでも日本でも同じだと思うんです。でもね、グラハムは自分で書いたんですよ。彼は私の親しい友人なのですが、昔から〝フェアウェイの哲人〟といわれるぐらい思慮深い男なんですよ。この本はそうした彼の経験にもとづいて書かれていてとてもおもしろい本ですから、お読みになるといいと思いますよ」と。

そうは言われても当時私は、ゴルフのクラブさえ握ったこともなかったし、プロ野球選手は指導していたがプロゴルファーにアドバイスするようになるとは思ってもいなかった。ところが縁というものは不思議なもので、これまたあっという間に私がその本を翻訳して出版するようなことになってしまったのである。

レイヤーの講演から帰ったその晩に、すでに二年前（一九八八年）からメンタルトレーニングの指導をしていた白井一幸選手から電話がかかってきた。折しも彼はシーズンオフに入り、栃木県のゴルフ場でプロゴルファーと一緒に自主トレを行っているという。そしてそのゴルファーとは、トーナメントで何度も優勝したことのある横島由一プロだった。

ゴルフをやったことのない私でも横島プロの名前はよく知っていた。その時、白井選手から、意外なことを依頼されたのである。横島プロはその年に悪性腫瘍が見つかり手術をしたという。そして放射線治療もすべて終えて、今は翌シーズンの再起を期してトレーニングに励んでいるということだった。白井選手の依頼は、私からメンタルトレーニングの指導を受けてみてとても良かったので、横島プロにも話をしてもらえないかというものだった。

当時、私はゴルフのことはまったくわからなかったが、何か役に立てばと思い、翌日、名門ジュンクラシック・カントリークラブへと向かった。横島プロには、感情コントロールの話を一時間ほどしたように記憶している。ゴルフ場から車を運転して帰りながら、ふと「これからはプロゴルファーへもメンタル面のアドバイスをすることが起こるかもしれない」という思いが頭をよぎったのである。

レイヤーからグラハムの本を紹介された直後だったので、私は早速、本を取り寄せて読み始めた。非常にわかりやすい英語で書かれたこの本は、レイヤーの言うとおりおもしろかった。第一章を読み終えたところで、語学と並んでスポーツ関係書の老舗である大修館書店の平井啓允部長に電話を入れた。私が翻訳するので出版していただけないかとお願いしたのである。私から内容を聞いた平井部長はすぐにアメリカに連絡を取り、翻訳する権利を得てくれた。

訳していくうちに出くわしたのが、第四章の「ゾーンの威力——不思議な心の状態——」である。その冒頭のところは非常におもしろい部分なので、少し長くなるが引用してみることにしよう。

「私が優勝した一九八一年の全米オープン（メリオン・ゴルフクラブ）を、私のゴルフ人生のなかでもっとも記憶に残った試合だろうと思っている人は多いようである。しかし、厳密にはそうではない。確かにこの勝利は、私がそれまでに獲得した数々のタイトルのなかでも、もっとも重要なものであったし、スリリングで賞金の高いものでもあった。しかし、〝もっとも記憶に残る〟試合だったかというとそうではない。

というのも、私はボブ・ロスバークをはじめ多くの人に、〝全米オープン史上、最高のゲームに数えられる〟と誉められ、68というスコアでフィニッシュした六月のあの暖かい一日のことを、実はよく覚えていないのである。

ラウンドを終えてまもなくしてから、私がどのグリーン上でもすばらしいパットを決め（正確には、そのうちの３ホールはグリーンエッジからパターを使ったのだが）、ティーショットもわずか一度しかフェアウェイをはずさなかったというのを聞いて、自分でも驚いてしまった。その時の私には、どうしてそんなにうまくいったのか、本当にわからなかったのである。

ラウンド中に、キャディーといろいろ話をしたはずなのだが、何をしゃべったのかまったく覚えていなかった。グリーンのどこにピンが切られていたのかについても、後でビデオを見て、やっと思い出すことができたほどであった。

こうしたことがあってからというもの、私はこの一時的記憶喪失とでもいうべき状態に、非常に興味をもつようになった。本来は、すべてよく覚えているはずのその日のことを、一番ホールのティーショットから後、どうやってラウンドを終えたのか、ほとんど覚えていなかったからである。

後になって、あの日、私は〝ゾーン〟とか〝バブル〟とか呼ばれている状態に入っていたのだということに気がついた。この状態に入ると、あらゆることが夢見心地で静かに経過し、まるで催眠にかかったような感じになり、そのくせ心も体も完全にコントロールされているのである。……（中略）……

　一九七七年のメンフィス・クラシックで59という驚くべきスコアを出して優勝したアル・ガイバーガーは、最終ホールで最後のバーディーパットをきめてホールアウトした後で、自分がどうやってプレーしてきたのかをまったく思い出すことができないと叫んだ。彼はさらに、自分が思い出せるのは、プレスルームに歩いて行き、実に長いこと立ち続けていたことだけで、この夢のような境地から覚めるまで、自分が達成したすばらしいことの意味を、本当は理解できなかったと話している。

　こうしたゾーンと呼ばれる状態には、プロフェッショナルだけしか入れないわけではない。おそらくみなさんは、あるときアマチュアの友達が、まったく無意識にすばらしいパットをきめたり、いつもの能力をはるかに越えて、ティーグラウンドからグリーンに向かってすばらしいショットを打ったりするのを見たことがあるに違いない。

　おそらくあなた自身も、ストロークする前から、このパットは絶対に入ると予感できるような、非常に不可思議な経験をしたことがあるだろう。あるいはどのクラブで打っても、いつもよりも10ヤードも余計に飛んでいくのに、自分ではスウィングはとてもゆったりしていて、まったく力んでいないという感覚を持ったこともあるだろう。もしもいつでもそんなふうにプレーできれば、どんなにかすごいゴルファーになれるかを考えてみればよい。

私の場合には、優勝を手にした一九八一年の全米オープンの最終日がそんな状態にあったのだが、いつもそんな状態でゴルフができるわけではない。たまたまこのとき私は、自分がものすごいプレッシャー状況にいるということに気づかなかったのである。ミスショットをしても、その結果について少しも悩まなかったし、スウィングの技術的な細かい点について思いを巡らすというようなこともなかった。多くのギャラリーたちのことも、あるいはテレビカメラに一挙手一投足を映されていることも、さらにはライバルたちに追われていることも、私はまったく意識していなかった。

そのときの私は、精神的にも肉体的にもまるで自動操縦されているような感じだった。私の思考は明晰で完全にコントロールされ、しかも決断力に富んでいた。私がバッグからクラブを引き抜き、ただスウィングするだけで、イメージどおりの球が飛んでいくといった具合であった。

言うまでもないことだが、私はそれ以後の試合のなかでも、こうした非常に特殊な精神状態をできるだけ再現しようと試みた。しかし、それはなかなか困難で、かえってフラストレーションを引き起こすことのほうが多かった。

このとき私がいちばん問題にしたのは、そうした特殊な心の状態を構成する要素には、どんなものがあるのかを確認することだった。そして、確認できた要素を取り込んで、試合における精神的な構えをつくりあげていこうとしたのである。しかし残念なことに、うまく取り入れる能力が私になかったために、自分でその状態に入りたいと望んだときに、逆にこうしたゾーンの中に自分を入れることができなかったのである。このため当然ながら、大変なフラストレーションが引き起こされた。

しかし、こうしたミステリアスな状態には、誰もが意図的には入れるわけではないと半ば諦めかけると、私はまた突如としてこのゾーンの中に迷い込み、そして意識的な努力を払うこともなしにすばらしいゴルフをしてしまったのである。はっきりした理由もないのに突如としてクラブが手になじみ、実に心地よく握れるのである。またアプローチショットを打とうとすると、グリーンの様子が手に取るように見えてくるのであった。

同様にパットを打つためグリーンに立つと、カップまでのラインが鮮やかに浮かび上がってきた。目の前に立ち現れる光景や音、あるいは臭いに至るまで、私のすべての感覚器官は恐ろしいほどに研ぎ澄まされていた。心臓の鼓動すらはっきり聞きとれるほど、心は非常な冷静さを保っていた。

この日以来、私は理想的な力の発揮できるこうした状態、すなわちＩＰＳ（Ideal Performance State）についてよく考えるようになり、どうしたら誰もがそうした状態に意図的に到達することができるかを研究するようになっていった。あらゆる肉体的な行為はすべて心から発しており、安定してプレーできるキーポイントは、まず心のコントロールにあると次第に確信するようになった。」

私は翻訳していてほんとうにおもしろいと思った。私が選手だったときには、そんなすごい境地に入った記憶は残念ながらない。しかし、私の先輩たちがオリンピックで金メダルを取り続けていた頃の試合ぶりを思い出したり、私がコーチをした選手が全日本学生選手権で見せた奇跡的な演技による優勝シーンなどが次々と脳裏に浮かんできた。

グラハムは、プロゴルファーとしての戦いを続けながら、どうすればゾーンに入れるのかを模索し続ける。その結果得られたのが、以下の一一の要素である。

（１）沈着冷静

まわりでどのようなことが起ころうと、いつでも心の中は冷静で落ち着いているといった感覚を持たねばならない。そうすることによって、心と体をトータルにコントロールしている状態に入れるのである。

（２）肉体的なリラクゼーション

スポーツ選手は、筋肉にリラックスした感覚を持てたときに、すばらしい力を発揮する。したがって動作をする前には、必ず筋肉がリラックスしてなめらかに動くことを感じてから、行動に移るようにしなければならない。

（３）恐れのない心

過去の出来事や、これから起こるかもしれないことに思い煩うことなく、すべての力を現在のただ一点に集中しなければならない。そうすることによって、考え方や行動を非常によい方向へと導くことができる。

（４）ハイ・ポジティブ・エネルギー

よい心構えを築き上げていくうえで、心の中にハイ・ポジティブ・エネルギーを取り入れていけば、いっそう注意深く、熱意をもって事にあたれるようになるし、その結果としてすばらしい力を発揮できる。

(5) プラス思考

たえず良いことが起こると考えるようにしていれば、本当に良いことが起きるものである。悲観的に物事を考える人は、グラスに半分残っている酒をみてもう半分しかないと考えるが、プラスに考えられる人はまだ半分も残っているじゃないかと言う。どんな場合でもプラスに物事を考え、結果はしょせん五分五分なのだと思うようになれば、もっと気楽にプレーできるようになるだろうし、本来の実力が発揮されるに違いない。

(6) プレーを楽しむ

非常にきわどい競り合いの中でさえも、ゲームそのものを楽しめれば、プレーはもっとすばらしいものになる。

(7) 淡々とプレーする

様々なことにとらわれずにプレーすれば、肉体はその能力を十分に発揮できる。

(8) オートマチックなプレー

どんな条件下でも、自分の正しいリズムを作り上げ、それを保ち続けるということは、安定して実力を発揮するために必要な条件である。

(9) 油断のなさ

試合をする際、周りの様々な環境に対して、あらゆる面から総合的に注意を払うこと。

(10) 自信

本当に自分を信頼できれば、どんな状況であろうとも沈着冷静でいられる。自信は誰かが与えてくれるものではなく、あくまで自分でつくり上げるものである。

(11) 状況をコントロールする

状況に操られてしまうのではなくて、むしろ状況の方をコントロールできるのが、チャンピオンたちの特徴である。どんなことが起ころうとも、感情をコントロールできれば、心理的に安定すると同時に、よりうまく肉体をコントロールできるようになる。

もちろん、これらすべてがそろわなくてはゾーンに入れないわけではないだろうし、また逆にすべてがそろったからといって必ずゾーンに入れるというものでもないだろう。ただ少なくともこうしたことを心がけ実行できれば、あるとき思いもかけないようなプレーを楽しむことができるに違いない。

私はグラハムの本を出版してから、たくさんのプロゴルファーと接するようになった。その中には、いまシニアで活躍中の高橋勝成プロ（シニアツアー三年連続賞金王）や牧野裕プロ、プロにデビューしたばかりだった片山晋呉プロ（二〇〇八年賞金王、永久シード獲得）、白戸由香プロなどがいる。こうしたトッププロたちとの交流の中で聞かせていただいた貴重な体験談からも、グラハムの説くゾーンに至るための一一の要素は、かなり的を射たものであることがわかっていったのである。

牧野プロからは、「先生の本を読んで、プリショット・ルーティーンがいい加減になっていることに気づいたんです。そこを修正してのぞんだフジ・サンケイクラシックで、青木功さんとの死闘を制して優勝できたんです。それからは僕のゴルフバッグの中には、必ずこの本が入っているんです」という言葉をいただいたこともある。

私はグラハムの本の翻訳をきっかけに、実力が発揮される最大の状態であるゾーンに選手たちをいざなう方法を一つでも二つでも見つけたいと思うようになっていった。

2 フローという至高の心理状態

それではこうした至高ともいうべき状態は、仕事や勉強、あるいは日常生活ではないのだろうか。そんなことはない。否、スポーツ以上に頻繁に見られるのかもしれない。

すでに一九六〇年代には、当時シカゴ大学の心理学科の教授だったチクセントミハイが、「フロー」という言葉でこうした現象を理論化しようと試みていた。彼の一連の著作は、今村浩明氏（千葉大学名誉教授）らによって日本語に翻訳されている。『楽しみの社会学』（新思索社・二〇〇〇年）、『フロー理論の展開』（世界思想社・二〇〇三年）、『フロー体験、喜びの現象学』（世界思想社・一九九六年）、『スポーツを楽しむ——フロー理論からのアプローチ』（世界思想社・二〇〇五年）、『フロー体験とグッドビジネス』（世界思想社・二〇〇八年）などがそれである。

チクセントミハイは、フローにおける心理状態を以下の九つの基本要素で説明している。

（1）挑戦と技能のバランス
（2）行為と認識の融合
（3）明確な目標
（4）明瞭なフィードバック
（5）目前の課題への集中
（6）コントロール感
（7）自我意識の喪失
（8）時間感覚の変化
（9）オートテリックな（内発的な報酬のある）体験

今村氏が、チクセントミハイの『楽しみの社会学』の初版を翻訳・出版されたのは、一九七〇年代のことである。すでに述べたように、私が「ゾーン」という言葉を知ったのは、一九九〇年にグラハムの本を手にしたところに始まる。先に引用した文の中では、次のようにこの言葉が出てくる。「後になって、あの日、私は〝ゾーン〟とか〝バブル〟とか呼ばれている状態に入っていたのだということに気がついた」と。

私は一九八五年の夏には、音響カプラー（モデムの前身）を使ってパソコン通信なるものを開始していた。しかし、それは一九九〇年になってもまだ、通信速度は速まったものの、現在のようなインターネットを使った情報検索などは、夢のまた夢のような時代だった。

それでも、グラハムが〝バブル〟の代わりに〝フロー〟と書いてくれていれば、もう少し早くチクセントミハイのフロー理論に行き当たっていたかもしれない。しかし、一九九六年に出版された『フロー体験、喜びの現象学』を読んでも、〝フロー〟と〝ゾーン〟はまだピタリとは私の中で重なり合ってはこなかった。うかつと言えば、うかつと言うしかない。私がこの問題で「ああ、そうだったのか」と思わず手を打つのは、二〇〇四年の一一月のことになる。

このとき私は、宮崎県での指導者講習会で六時間の講演をするために、福島から新幹線で東京へ出て、羽田空港へ向かっていた。東京駅でちょっとした時間があったので、いつものように駅構内の本屋さんに立ち寄って、飛行機の中で読む本を探した。平積みになっているたくさんの本の中から、一冊の本のタイトルが私の目に飛び込んできた。

天外伺朗著『運命の法則』（飛鳥新社・二〇〇四年）という本だった。天外さんの本はそれまでにもほとんど読んでいたが、これまでとはちょっと違った書名に惹かれて、手に取ってみた。表紙の返しには、たった一言「好運は意図的に招きよせることができる」とだけ書かれてある。

さらに目次を見ると、「好運の女神」と付き合うための法則が一五章にわたって書かれているということがわかった。第三章には「フローの法則」などと書かれている。これはおもしろそうだと思った私は、すぐに買い求め、あっという間に読んでしまった。

ところで、この本の著者である天外伺朗さんというのは、ペンネームである。本名は土井利忠といい、ソニーの取締役も務められ、この時点ではソニー・インテリジェンス・ダイナミクス研究所の所長だった。天外さんの著作の多くは、われわれの心や精神世界に関係するものが多いのだが、なんと本業はバリバリの工学博士というわけである。

天外さん、つまり土井さんのソニーでの仕事というのは、とてもすごいものである。オランダのフィリップスと組んでCDを世界に先駆けて共同開発したのを皮切りに、ワークステーションNEWS、そしてNHKの『プロジェクトX』でも取り上げられたロボット犬アイボの開発責任者といった具合である。

天外さんは、この本の第二章「燃える集団の法則」の冒頭で、次のように書いている。「チームが夢中になって仕事をしていると、突然スイッチが劇的に切り替わることがある。その状態になると、どんなに困難な局面を迎えようとも、必ず突破口が開かれる。新しいアイディアが湯水のようにわき、必要な人材、技術、部品などが、まるでタイミングを見計らったかのようにあらわれる。」

また、それに続く第三章「フローの法則」の冒頭では、「自らの内部からこみ上げる喜びや楽しさを追い求めると、人は〝フロー〟という状態に入ることができる。〝フロー〟は人にとって、喜びや楽しみの源泉であり、なおかつ、好運を招き寄せる」と述べている。そしてこの章で、チクセントミハイの「フロー理論」を紹介しながら、実際にアメリカでチクセントミハイと対談した内容にまで触れている。

この天外さんの本を読んで、私が追求してきた「ゾーンの世界」と「フローの世界」がぴったり重なった。肝心要の時に実力が一二〇%も出るような、ある種神がかった最高の状態に、選手たちが入れる確率を上げたいと思ってメンタルトレーニングの勉強をしてきた私にとっては、発明・発見の世界でもやっぱりそうかと大いに共感させられたというわけである。

いつか天外さんとお会いしてこの問題について話したいと思っていたら、二〇〇七年の四月に思わぬかたちで実現することになった。経営コンサルタントとして著名な神田昌典さんから、天外さんの「マネジメントセミナー」を東京で半年にわたって行うので、時間の都合がつけば来てみてはいかがというお誘いをいただいたのである。

第一回の飯田橋のセミナー会場には、全国から集まった五〇名ほどの経営者の方々が座っていた。そして案内された私の席の隣には、なんとサッカーの岡田武史監督が座っていたのだった。

セミナー終了後の懇親会では、天外さんをはさんで私と岡田さんが座り、三人でいろいろと意見を交わすことができた。天外さんは、それから三カ月後に東京の青山で行われた私の講演会にもお出でいただき、親しくお話しさせていただくことになった。また岡田さんとも、それ以来何度となくお話をするようになり現在に至っている。

そこでいつも話題となるのは、当然のことながら、「燃える集団をいかにつくるか」とか、「選手をゾーンやフローにいかに入らせるか」ということである。こんなことで話を始めれば、話題は尽きることがない。私たちの会話そのものがゾーンやフロー状態のような感じさえするほどである。

ちなみにチクセントミハイの『スポーツを楽しむ――フロー理論からのアプローチ』というスポーツ版フロー理論の日本語訳が出版されたのは、天外さんの『運命の法則』から一〇カ月後の二〇〇五年九月だった。この本はチクセントミハイとスーザン・A・ジャクソンの共著であり、さまざまなスポーツ選手の事例を豊富に挙げながら、フローについて非常に詳しい説明がなされている。

その「はじめに」の部分で、ジャクソンは次のように述べている。「スポーツにおけるフロー体験について理解を深め、フローをより多く体験するために私たちはこの本を書いた。しかしこれは〝フローへの一二段階〟というような本ではない。もし、そのように簡単にフローの状態を手に入れることができるならば、フローは単純で底の浅い現象ということになるだろう。しかし、実際はその逆で、フローを体験するには意識を研ぎ澄まし、フローを生み出すいくつかの条件について理解することが求められる。フロー体験の根底にあるのは、磨き上げられた心理的な能力なのである」と。

そして第一章以降終章（第一〇章）に至るまで、先に紹介したフローにおける九つの心理状態について、理論的にかつわかりやすく説明されている。フロー理論に関する理解を深めるためには、チクセントミハイの一連の著作が今村氏らの手によって数多く翻訳されているので、そちらにあたられることをお薦めしたい。

また、経営やリーダーシップでのフロー理論の応用に関しては、天外さんの『マネジメント革命――「燃える集団」を実現する「長老型」のススメ』や『非常識経営の夜明け――燃える「フロー」型組織が奇跡を生む』などを参考にしていただきたい。

すでに述べたように、私はグラハムの翻訳をきっかけにゾーンという不思議な心の状態に興味を持った。そして指導する選手たちが一人でも多く肝心要の時にゾーンに入り、実力をいかんなく発揮してほしいと思いあれこれ模索を続けてきた。

その中で得られた本番に強くなる方法を、第2章の「プレッシャーとどう戦うか」から始まって、「自信はつくものでなく、つけておくもの」（第4章）、「集中力を、どうつけたらいいのか」（第5章）まで多くの実例を挙げながら紹介してきたつもりである。そこで紹介したメンタルスキルは、どれも重要なものである。もしまだこのスキルは自分の中にはうまく育っていないなと思う部分があったら、そこを強化していただきたい。

そうするうちに本番での実力発揮の割合が八〇％の合格ラインに達する日がやってくるに違いない。さらにはそれが一〇〇％を超えて一二〇％、つまりゾーンやフローへとつながっていくことだろう。

第7章

「ありがとう」の心でタフになる

1 あなたのタイムマシンに乗ってみないか

私は子どもの頃、SF小説の父といわれるジュール・ベルヌの小説をよく読んでいた。『海底二万マイル』、『月世界旅行』、『八十日間世界一周』など、おそらくベルヌの書いたものはほとんど読んだのではないだろうか。潜水艦やロケットなど、一九世紀にベルヌが想像して書いたものは、二〇世紀の間にすべて現実のものとなった。そのため二〇世紀の科学技術は、ベルヌの夢を実現するための道程だったと言われたりもする。

ちょうど同じ頃、「時間を旅する」という小説を書いた人がいる。ベルヌと並んでSF小説の父と呼ばれるH・G・ウエルズである。彼は一八九五年に、『タイムマシン』を出版した。この本は、一一〇年余を経た今でも日本でも読み継がれている。また、二〇〇二年には、原作を大幅に脚色して映画化され、DVDとしても発売されている。

同じように「時間を旅する」物語として私の子どもの頃NHKで放映されていたのが、アメリカの『タイムトンネル』という番組だった。ダグとトニーという二人の科学者が、時空を超えて過去や未来を行き来しつつ、世界史に残る歴史的事件にかかわっていくというストーリーだった。毎週展開されるスリリングな物語に、食い入るようにテレビ画面を見ていた小学生の頃を、まるで昨日のことのようによく覚えている。

先日ふとあの番組をもう一度見られないものかと思い立ち、アマゾンで検索してみた。するとなんと全作を収録したDVDが、アメリカで発売されていることがわかった。さっそく購入して、懐かしい映像を見た。四〇年以上も前に作られた映像だったが、今でも十分おもしろかった。

今の若い方は、この『タイムトンネル』などはご存じないだろう。だが同じようなタイムトラベルものである『バック・トゥ・ザ・フューチャー』三部作はよく知っているのではないだろうか。

先に述べたようにベルヌの描いた世界は二〇世紀の一〇〇年間で、ほとんどが現実のものとなった。人間は月に行って帰ってこられるようになったし、日本海溝にまでもぐれるようにもなった。ベルヌの時代には、八〇日で世界一周が夢物語だったのに、今では一日もかからない。

しかし、ウエルズの描いたタイムマシンは、いまだにSF小説の域を出ていない。ところがメンタルトレーニングでは、自分の過去にさかのぼってみたり、これから起こるであろう未来について思い描くということをよくやる。たとえば、悩み事をかかえている選手たちに、その原因を調べてもらうために過去に旅してもらったり、数カ月後に待ち受ける試合で勝利する姿を思い描いたりしてもらう。

もうおわかりだろうか。私たちは、記憶とイメージというタイムマシンを使って、自分の人生の過去と未来を旅することができる。先ほどの『タイムトンネル』についての記述なども、私が記憶というタイムマシンに乗って、四十数年前にタイムワープした結果に他ならない。

2 集中内観で自分の過去を振り返る

私がこんなことに気づくようになったのは、三五歳のときに私のヨーガの師である木村慧心先生のもとで、一週間の集中内観をしてからである。

内観法とは、今から五〇年ほど前に、故吉本伊信氏（一九一六〜八八年）が親鸞上人の「身調べ」をベースにして、宗教的な部分を取りのぞき、独特な心理転換技法として発展させていったものである。内観法の「集中内観」では、自分のこれまで生きてきた半生を振り返って、一日一三時間、七泊八日、のべ一〇〇時間ほどの間、部屋の四隅を屛風で囲んだわずか半畳ほどの空間に静かに座り続け、具体的な誰か（両親、先生、配偶者など）に対して、次の三つのことがどうであったかを調べていく。

三つの調べごと
1　〜さんに何をしていただきましたか。
2　〜さんにどのようなお返しができましたか。
3　〜さんにどのようなご迷惑をおかけしましたか。

ここで集中内観の一コマを描いておこう。三つの調べごとは、一時間ごとにある期間の誰かに対して行う。たとえばある一時間は、小学校三年生のときのお母さんに対して、何をしていただいたのか、どんなお返しができたのか、そしてどんな迷惑をかけたのかといった具合に調べていく。

一時間が経つと、面接者が屏風をちょっとだけ開け、「ただいまの時間はどんなことをお調べいただきましたか」と聞いてくる。そこで自分として一時間で気づいたことを五分ほど話す。その間、面接者は、ただ黙って聞いているだけである。そして、ひととおり聞き終わると、「ありがとうございました。それでは、次の時間は、小学校の四年生のときのお母さんに対して、同じようにお調べください」と言ってスーッと屏風が閉まるので、再び内観を続けることになる。

母親が終われば父親、さらに配偶者などに対して同様に調べを続ける。さらに嘘や盗みの体験を調べたり、これまで自分にかかったお金の額を計算したりもする。

人間は死ぬ間際になると、自らの一生をまるで走馬灯のように一瞬にして目にすることができるとよく言われる。この「集中内観」は一週間、一〇〇時間余のあいだに自分の半生を見つめ直すという作業である。つまりこの間、ひたすら自分の歩いてきた道をたどり、そのあいだの自分の行状を振り返るとともに、どれほど多くの方々に支えられて、現在の自分があるのかを確認するという作業である。

それで何がわかるかと言えば、まず自分がこれまでどれほど自己中心的にやってきたかに気づかされて愕然とする。その後で、今度は自分がどれだけたくさんの人たちに支えられて、現在があるのかということに気づかされる。

考えてみれば、誰だって自分ひとりで生きていけるわけがなく、お互いに支え、支えられて生きている。ところが残念なことに私たちは、生まれてこのかた、自分の内側なんて少しも見ようともせずに、ひたすら外ばかりを見ながら生きてしまっている。

そのため、こんな当たり前のことにも気づけないでいるのである。

内観は、その当たり前でありながらすっかり忘れている大切なことに、自分で気づいてもらうという方法である。またこの方法は、ひところ世間を騒がせた「マインド・コントロール」などとも明らかに一線を画している。それというのも内観法では仮に一〇〇時間座り続けていても、誰かからこのように考えよといった具合いに指示されたり、強制されたりすることはまったくない。こうした点からも私は、内観法は東洋的精神修行法の伝統である「独悟」というやり方を踏襲しているすばらしい方法だと考えている。

3　私の内観体験

私がこの内観の修行に行ったのは、一九八九年の暮れのことである。この時、駒澤大学野球部の太田誠前監督も私と一緒に内観をされた。太田監督は、一九七一年から二〇〇六年まで、大学野球の名門である駒澤大学を率い、何度となく大学日本一を達成した名伯楽である。一九八八年の夏、私は太田監督からの要請を受けて駒澤大学の野球部でメンタルトレーニングの指導をすることになった。その時のキャプテンが、翌年広島カープに入団し、二〇〇七年に二〇〇〇本安打を達成して引退した野村謙二郎君である。

それ以来、私はよく野球部の合宿所を訪れては、太田監督とお話しするようになっていた。そうした中であるとき、内観のことが話題になったのである。監督が「白石さん、それをやると心が強くなるのか」と言われるので、私は「それはどうかわかりませんが、私のヨーガの先生である木村先生からも勧められましたので、ともかく一度やってみようと思います」とお答えした。

すると太田監督は、「そうか、じゃあ選手にやらせる前に、私があんたと一緒に行ってやってみよう」と言われたのには驚いた。超多忙な監督が、年末の一二月二四日から大晦日まで、いっさいの予定をキャンセルされて、私と内観に行こうというのだから大変なことである。

実際に内観をやってみると、こんなに忘れていたことがあるのかと思うようなことがたくさん出てきたのにまずびっくりした。この時はすでに大学の教師になって一〇年近く経っていたし、あっちこっちで指導したりする機会も増えていたので、きっといっぱしの先生面をしていたのであろう。

ところが内観をしてみると、自分の力でここまでなったように錯覚していたものが、まず両親がいて先生がいて、そういういろいろな人たちからお世話になって、ただ今はこうなっているだけなのだという仕組みが、座っているうちにだんだんよくわかってきたのである。つまり自分の半生を振り返って、涙が出るような思いを何度もしたし、終わったあとはずいぶん心が軽くなったような気がしたものだった。

内観をしていて一番ショックを受けたことを書いておこう。私の内観は、まず母親に対して始まり、続いて父親へと移っていった。自分でもびっくりするようなことが起こったのは、中学三年の時の父親に対する三つの調べをしている時だった。

私は小学校四年生から中学二年生までの五年間は、大分県の佐伯市というところに住んでいた。そこで父は小さな会社を経営していた。しかし、中学二年生の途中で、父の会社が倒産してしまい、土地も家もすべて手放さなくてはならなくなってしまったのである。

そして私たち一家四人は、横浜へ移り住むことになる。大分では広い自宅だったのに、横浜では六畳二間という雇用促進住宅に住むことになった。しかし、それ以上に辛かったのは、それまで経験したこともないいじめだった。

その頃はスポーツも勉強もけっこうよくできていた私は、転校した横浜の中学の番長グループに、目をつけられてしまったのである。転校して二週間目のことだった。放課後の帰り道で、突然一〇人ほどに取り囲まれ、羽交い締めにされて殴られたのである。こうしたことが、その中学を卒業するまでの一年間、何度となく続いた。

中学三年の時を内観していてまず浮かんできたのは、この陰惨ないじめ体験だった。私が内観したのは三五歳のときなので、中学三年の時というのは、それより二〇年くらい前ということになる。その時の父に対して、内観しているうちに、二〇年間、私の記憶の底に埋もれていたことが、急にふっと出てきた。それは次のようなことだったのである。

転校して一カ月ほど経った五月のある朝、私が学校へ行こうとしていたところへ、父が夜勤から帰ってきた。その頃、父は少しでも高い収入を得ようと、日産自動車の追浜工場で夜通し働いて、朝帰ってくるという仕事についていた。内観しているうちに、その日の朝の様子が鮮明に蘇ってきたのである。

私の父は、本当に穏やかな人だったので、子どもの頃からあまり怒られたことはない。そんな父が私に「どうだ、おまえ、今度の学校は」とすれ違いざまに問うたのである。ところが私の方は、学校に行けばいやな思いばかりしているので、きっといらだっていたのだと思う。

その瞬間、私は「お父さんが事業に失敗していなかったら、ぼくらはこんなに苦労しなかったのに」と思わず口走ってしまったのである。もしも私の子どもがこんなことを言ったら、「誰のおかげで、ご飯を食べられていると思ってるんだ」と叫んで、横っ面をひっぱたいているかもしれない。

しかし、私の父はそんなことはしなかった。ちょっと寂しそうな顔をして、「そうか」とだけ言い、アパートの中へ入っていったのである。殴られていれば記憶に残ったのかもしれない。ところがそうではなかったので、このすさまじい光景は、私の記憶からすっかり消えてしまっていた。

それから二〇年が経ち、父に対する内観をしている最中に、突然そのシーンが鮮明によみがえってきてしまったのである。これにはまいった。バカ息子にとんでもない言葉をかけられ、父はどれほど無念だったことだろうか。私は申し訳ない思いでいっぱいになり、涙がとめどなくあふれてきた。

これを境に、私の内観は深くなったように思う。偉そうに自分で大きくなったと思って、いったい何様だと思っているんだと自分を責めた。親がいなければ自分はいない。おしめも換えてもらい、食べさせてもらい、ここまでくるのに、どれだけのお金を使ってもらったかがよーくわかってきたのである。

当時、両親は東京に住んでいた。一週間が経ち、その年の大晦日の午前中で私の集中内観が終わった。私は東京へ戻り、両親に深く詫びた。私の両親は、もうこの世にはいないが、生前に謝ることができたのは内観のお陰である。

こうして私は、集中内観を通じてほんとうの意味での「感謝」と「生かされているという感覚」に気づくことができ、心が軽くなると同時に強くなったことを実感した。

それ以降、私のところに心の悩みを相談してくる選手には、こうした私の気づきをふまえてアドバイスするようになったのである。

4 「ありがとうのゴルフ」奇跡の人、古市忠夫さん

よく昔から、ひとかどの人間になるには、「大病する」か、「災害に遭う」か、あるいは「刑務所に入る」といった過酷な経験から立ち直ることが必要だなどと言われてきた。古今東西の偉人伝を読むと、そうした記述が至る所に見られる。確かにそれはそうかもしれないが、誰だってこんな体験はできれば避けて人生を送りたいと思っていることも事実だ。

私は集中内観をすることで、ほんの少しだけ「感謝」や「生かされているという感覚」を持つことができた。ほんの少しでも、それ以前よりは少し強くなれたし、人間としてもちょっと上等になったような気もした。しかし、もっと別の、というよりももっとはるかに過酷なことを体験せざるを得なくなることで感謝の心をもち、ちょっと

常識では考えられないようなことをおやりになった方がいる。

その方の名前は、古市忠夫さんという。古市さんは、今はれっきとしたプロゴルファーだが、驚くべきことに六〇歳でプロテストに合格している。そのため人は、古市さんのことを「還暦ルーキー」と呼んだりもする。

古市さんは、五五歳のときに阪神淡路大震災というあの大変な災害を経験して、自宅も何も全部なくしてしまった。そんな中で、たった一つだけ残ったゴルフクラブを頼りにプロテストに挑戦し、なんと六〇歳で合格したのである。六〇歳といえば、普通のサラリーマンなら定年退職する歳である。それが古市さんは、二〇歳そこそこの若者たちと闘ってレギュラーツアーのプロゴルファーになった。私はこれは奇跡だと思う。

この二〇年ほどの間に、私はたくさんのプロゴルファーに会ってきた。さらにその予備軍である研修生たちも、たくさん知っている。だからこそプロテストに受かるということが、どれほど大変なことかということは十分にわかっている。そのテストに六〇歳のおじさん、いや昔だったらお爺さんが合格したというのだから、これはやっぱり奇跡というしかない。

私が古市さんのことを知ったのは、NHKの『にんげんドキュメント「逃げたらあかん」』（二〇〇一年七月五日放送）という番組を見たのが最初だった。番組を見て、これは尋常な人ではないと思った私は、古市さんのことが書いてある本を探した。するとノンフィクションライター平山護さんが書いた『還暦ルーキー』（講談社・二〇〇一年）という本が見つかった。

これがまたよくできた本で、読みながら何度も涙がこぼれてきた。本を読み終えた私は、古市さんという人に直接会って話をうかがいたいと思うようになっていた。そこで何度も私の所へ取材に来られたことのある、ゴルフダイジェスト社の谷田宣良編集委員に電話をしてお願いしたのである。

谷田さんは、すぐに古市さんに連絡をとってくれた。古市さんからも快諾の返事がきて、私は二〇〇一年の一二月二四日に神戸の長田区にある古市さんのお宅を訪ねることになったのである。

長田区というのは、阪神大震災のとき、地震のあとに発生した火事で、ほとんどの家屋が焼けてしまったところである。古市さんは鷹取商店街というところで、三〇年以上にわたってカメラ屋さんをやっていたという。しかし、家もお店も震災ですべて焼失してしまった。

古市さんと話しているうちに、その日泊めていただくことになっていた高橋勝成プロのことに話が及んだ。古市さんは、私にこう質問してきたのである。「白石先生は、体操選手だったんでしょ。私はメンタルトレーニングというのはよく分かりませんけど、あんな日本のナンバーワンプロにいったい何を教えるんですか」と。

もちろん私が日本有数のショットメーカーといわれる勝成プロに、ゴルフを教えるわけがない。そのとき私は、こう答えた。「古市さん、私がプロゴルファーにメンタル面でアドバイスする最初は、立ち方と歩き方なんですよ。それから顔でしょ、そして息の仕方なんですよ」と。

私がそう言うと、古市さんがポーンと手をたたいて、嬉しそうにこう言った。「そうでっしゃろー！　私ね、二〇歳すぎのころまでは情けない人間だったんです。野球やりたかったけど、途中で苦しくて高校のときにやめちゃったんです。それで、大学入ったら、一度心に決めたことは絶対やめまいと思ってボート部に入ったんです。これは頑張れたんです。それで、親父のあと継いでカメラ屋やるようになったんです。それで、震災にあうまでは、たとえ貧しくても悪いことだけは絶対にしないようにしよう、積極的な生き方をしようって頑張ってきたんです。

ゴルフだって、お金がないからせいぜい週一回しかできませんでした。でもね、いろいろ工夫して練習して、クラブチャンピオンに一〇回もなれたんです。そのときに私がずっと心がけていたのは、先生が言われた立ち方と歩き方だったんですよ。積極的な心というのは、立ち姿や歩き姿に出ると思うんですわ。やっぱりそれでよかったんですか。私、間違ってなかったんですね」と。

その後で、古市さんはこんな話をしてくれた。「震災の直後、私の家は、倒壊しないで立っていたんです。自分は一階に寝ていて、二階に家族がいて、揺れが収まった後、だいじょうぶかーって叫んだら、だいじょうぶだと言うんです。余震があるかも知らんから布団かぶっとけって言ったんです。ところが、ふっと気づいたのは、自分は町の消防団員だったので、どこかで火が出たら大変なことになるということでした。ライフラインが全部切れてますから、水も出ないでしょ。一回火が出たら全部燃えてしまう。

あれだけの揺れで道路は捻じ曲がったかもしれないけど、けっこう家は建っていたんです。火事なんですよ、ほんとうに怖いのは。阪神淡路大震災は火事でやられました。火でたくさんの人が死んでいきました。

火の怖さに気づいて窓開けてみると、もうあちこちから火の手があがっていました。あわてて消防服に着替えて外へ出ました。そうしたら、外には地獄絵図が広がっていました。あっちもこっちも生き埋め状態で、みんな生きているのに救うことができない。なんとか一人でも助けたいと救助活動をしているうちに、あっという間に火がやってきて、私の家は燃えちゃったんですよ。何にもなくなってしまいましたが、幸い家族は無事でした。

震災の後、私は三つの人間の顔を見たんです。一つはいつもえらそうなこと言っている割に、ああいうパニック状態になったらまず自分の着るもの、自分の食べるもの、自分の飲むものをかき集めるなんともあさましい顔。もう一つは、茫然自失としてまったく気力をなくしてしまった顔。三つ目は、日ごろは静かにしてる人なのに、人のために全力を尽くして働く神々しい顔。この三つの顔があったんですわ。それでね、自分は三つ目の顔でいきたいと思ったんです。

震災にあって、二週間くらいしてから家から離れたところに停めてあった車が見つかったんです。それでトランクをあけてみたら、ゴルフバッグが入っていたんです。

そのときですね、誰かに〝お前の残りの人生、これで行け〟って言われたような気がしたんです。神さんか仏さんかしらんけど、なんかこう、ビーンときたんですね」と話してくれた。

〝お前の残りの人生、これで行け〟と言われたような気がしたといっても、古市さんは震災のときには、すでに五五歳になっていた。さらにクラブチャンピオンを一〇回とっているといっても、日本レベルではアマチュアとしてもほとんど何の実績もない人である。そんな人がレッスンプロならまだしも、トーナメントで賞金をかせぐプロになろうと決意したというのは、私にはとうてい信じがたいことだった。

もっと驚かされるのは、古市さんはプロゴルファーへの挑戦を、震災後すぐに始めたわけではないということである。古市さんはそれからの三年間、町の復興に全力を尽くすことになる。おまえは神戸市のスパイかなどと言われるくらいの嫌がらせを受けながら、ひたすら町の復興に全力を尽くしたという。三時間ほどお話をした後で、私も古市さんに再興なった町の中を案内してもらった。そこには災害に強い町づくりをという願いが、随所に見られたのである。

こうして五八歳になった古市さんは、とてつもない夢を実現するためにゴルフ場に立つことになる。その瞬間、フェアウェイに向かって思わず深々と頭を下げたというのである。死んでいった仲間のことが思い出されて、涙がこみ上げてきたという。「死んだあいつらのためにも、俺はしっかり生きていかなきゃならん」と思ったと同時に、「ゴルフがもう一回できるなんて、こんなチャレンジができるなんて、俺はなんて幸せな人間なんだ。ありがたい」と心の底から思えたというのだった。

古市さんは、「先生ね、あのときほんとうに私の心の中に、感謝っていう気持ちが飛び込んできてね、いついたんですわ。そのときから、もう全然怖いものがなくなったんですよ。昔からゴルフが好きで長いことやってきましたけど、たった一メートルのパットを、これでバーディーがとれるんちゃうかとか、はずしたらボギーやどうしようなんて思うと、もう手が震えたりしてたんですよ。それが全然怖くなくなったんですね。びびってるやつが阿呆ちゃうかなぁと思うくらいになってしまったんですよ」と話してくれた。これを聞いて私は、うなってしまった。

こうして古市さんは、プロテストを受けることになる。プロテストを受けるほとんどのゴルファーは、たいてい試合会場で何度も練習ラウンドをやっている。ところがそんなお金もない古市さんは、試合の前の日にたった一度だけ練習ラウンドができただけだというのだった。

プロテストの初日は、大変な豪雨だった。そんな中でスタートするときに、「古市忠夫さん」と呼ばれた古市さんは、帽子を取って深々とお辞儀した。六〇歳にならんとする古市さんの髪の毛はすっかり後退していて、つるつる頭があらわれた。そのとき一番のティーグラウンドにいた人たちは、どうして競技役員があんなところにいるんだと、ざわめいたそうである。

ところが古市さんは、自分でプレーしながら周りの若い選手のプレーぶりをじっと見ていた。彼らの立ち方、歩き方、表情を見ながら、「あいつびびっとるなぁ。あれはだめだ」とか、「おお、あいつはええ歩き方をしとるなあ、あいつは合格するやろう」と見ていたというのである。それでいて自分は、「ありがたいこっちゃ、ありがたいこっちゃ」とにこにこしながらプレーし続けた。こんな話を古市さんから聞くにつけ、困難に勇敢に立ち向かった人は、こんなにも強くなれるのかと感嘆させられた。多少のメンタルトレーニングなどやっても、決して行き着ける境地ではない。

古市さんは、「白石先生、さっき積極的な心は立ち方と歩き方にでるといいましたでしょ。それでね、震災の後で、自分の心にしっかりと入ってきた感謝の心というのは、挨拶と返事にでると思います」と言われた。

私が内観で気づいたことを、その何倍も体現している古市さんに会って、私は大きな勇気をいただいて神戸を後にしたのだった。

5 「ありがとうの心」を育てる方法

(1)「集中内観」というタイムマシンに乗ってみないか

すでに述べたように、内観は吉本伊信氏が自身で体験した浄土真宗の「身調べ」をベースにして、苦行性や宗教性を除いて誰もが行えるようにした日本製の精神療法である。吉本氏は、一九五三年に奈良の大和郡山市に日本で初めての内観道場(後に研修所)を開設し、一般人への指導を開始した。

さらに吉本氏は、刑務所や少年院での内観普及に尽力し、一九六〇年代半ばころには有力な矯正手法として全国各地の矯正施設で採用されるようになったのである。その効果の高さは、医学界からも注目されるようになる。福島県須賀川市の精神科開業医だった石田六郎氏、岡山大学精神神経科の奥村二吉教授らが内観療法の先駆者と言われている。また心療内科の草分けである九州大学の池見酉次郎教授、心理学の佐藤幸治教授（京都大学）、村瀬孝雄教授（東京大学）、三木善彦教授（大阪大学）らが注目を寄せ、学校教育界や企業教育の世界にも広がっていったのである。

こうして先に述べた「三つの調べごと」が確立するのが一九六七年である。また一九七八年には、「日本内観学会」が設立され、現在に至っている。吉本氏が最初に設立した奈良の内観研修所を皮切りに、この五十数年のあいだに数多くの内観研修所が全国各地に設立されている。インターネットで「内観研修所」や「集中内観」などで検索すれば、そうした施設の場所や連絡先を知ることができる。

費用は、七泊八日の集中内観で食事や宿泊費も含めて八万円ほどである。一週間の集中内観によって、しばしば劇的な人生観、世界観の転換が起こり、心身の疾患が治癒することが日本内観学会などでも数多く報告されている。

私の場合、そうした劇的な転換が起こったかどうかは定かではないが、少なくとも「ありがとうの心」は持てるようになった。その後、私の妻も二人の息子たちも集中内観に行っている。そうしたお陰なのだろうか、この二〇年ちかくのあいだ、家庭のなかで精神的なストレスを感じることはほとんどなかった。それだけでも私は、「集中内観」というタイムマシンに乗ってよかったと思っている。

だからこそこれまでにも、私がアドバイスしてきたトップアスリートたちにも集中内観を勧めてきた。白井一幸氏、萩原美樹子さん、小磯典子さんなど枚挙にいとまがない。

そんなこともあって私は、よく学生たちにこんなことを言う。「最近は大学を卒業する頃になると、卒業旅行と称して仲間と国内外に旅行に行ったりするよね。でも、その旅行のかわりに集中内観に行ってみてはどうかな。小学生以来続いてきた〝学びの時代〟は終わり、いよいよ君たちも実社会で働くようになる。いわば独り立ちするわけだよ。これからの長い人生には、楽しいことも辛いこともいろいろあるだろうけれど、自分がしっかりしていればたいていのことは乗り越えられるものだよ。実社会に出ていく直前の今だからこそ、卒業旅行などではなく集中内観に行ってみてはどうだろうか。

そうは言っても、今はまだそんな辛さなんてまったく感じていないし、仲間と旅行に行くほうが楽しいに決まっていると思う人は、今回は行かなくてもいいよ。でも将来、いい相手を見つけて結婚するときには、新婚旅行がわりに集中内観に二人で手に手を取って行ってみてはどうだろうか」と。

こんなことを言っても、本気で集中内観に行く学生はほんの一握りである。なぜなら彼らは、トップアスリートたちほどにはまだ切迫感がないからである。しかし、いずれ彼らも人生という戦場のなかで、集中内観が必要となる人も出てくるであろう。そうしたときに頭の片隅にでも、内観のことを覚えていてくれればいいかなと思い、私は先のようなことを言うのである。

一般の学生たちばかりでなく、日々忙しく仕事に追われている方たちからは、やはり七泊八日なんてとても時間がとれないという声が聞こえてくる。「ありがとうの心」を持つことが強さにつながることはわかった。でも、もっと手っ取り早いやり方はないのかというわけである。

簡単に身につけられることは、簡単に忘れてしまいそうで不安だが、ないこともないので、それについて次に紹介することにしたい。

(2)「一日だけのタイムマシン」に乗ってみよう

内観にはこれまで述べてきた「集中内観」とは別に、「日常内観」というのがある。内観研修所では、まず最初に集中内観で基本をきちんと身につけ、日常生活に戻っても一人で内観を続けていくことを「日常内観」と呼んでいる。つまり集中内観は卒業ではなく、日常内観への入学というわけである。

具体的には、毎日一～二時間の内観をする。半分は集中内観と同じように過去の自分を調べ、残りの半分で、昨日（または今日）一日の自分を調べるように指導される。一生、日常内観を続けられる人こそが本当の内観者だとも言われている。現にそうした方もいるが、これまた私のような凡人にはできず、もう二〇年近くが経ってしまった。

ただ、日常内観の後半の部分、つまり夜寝る前に昨日（または今日）一日の自分を調べるというのは、とてもたいせつなことだし、時間のかけ方ではやれないことはない。そこで私のところへ相談にくる方で、「ありがとうの心」を持ったほうがよいと私が判断した人、さらには集中内観にはとうてい行きそうもない人には、次のように言うことにしている。

「一日は二四時間ですね。その二四時間の一％は、だいたい何分かご存知ですか。一五分なんですよ。その一五分、それも寝る前の一五分で、一日に起こった出来事や出会った人に対して三つの調べごとをしてみてもらえますか。

たとえば会社で嫌な人がいたとして、その人に対してまず『〜さんに何をしてもらいましたか』、続いて『〜さんにどんなことをしてあげましたか』、最後に『〜さんにどんな迷惑をかけましたか』と問いかけてみるわけです。最初のうちは、やっぱり許せないと思うかもしれませんが、できれば三週間ほど続けてみてもらえませんか。きっと気持ちが変わると思いますよ」と。

これが「一日だけのタイムマシン」に乗るという方法である。これまでの私の経験では、こうしたアドバイスを素直に受け入れ続けた方は、ほとんど例外なく問題が改善されたと言ってくれた。ところが三日も続けられないという人ももちろんいる。そうした方は、そもそも問題の根源は、すべて自分にではなく他人にあると思っている人なのである。これにはやはり集中内観で、自分を見る見方を身につけていただくしかないと思う。

(3) 自分に「ありがとう」と言えますか

本章を閉じるにあたって、もう一つの処方箋を挙げておきたい。それは五分でできる方法であり、「ありがとうの心」を持つにもけっこう効果的である。

これも寝る前の五分でやる。静かに目を閉じて座り、ゆったりと呼吸する。そして自分に対してこう言うのである。私だったら「白石豊さん、ありがとう」と。あるいは「白石豊さん、今日もよくやったね。ありがとう」でもよい。

講演会の途中でこれをやっていただくと、三分もしないうちに閉じたまぶたから涙がこぼれてくる人が出ることがよくある。悲しいのではない。それまで「ありがとう」というのは、自分にではなく他人に言ってきた。そもそも自分のことを〝白石豊さん〟と、名字も名前もこみの、しかもさん付けで呼ぶことなどない。加えてほんらいは他人に言ってきた「ありがとう」を自分に言う。こんな簡単なことでも、心持ちは大きく変化する。やっていただければすぐにわかるので、どう変わるかは実際に体験していただきたい。

なにかしていただいた時に、大きな声で「ありがとう」と言えば、言われた方もうれしくなる。それと同様に、自分に「ありがとう」と言ってあげれば、言われた自分がうれしくなる。どうかお試しあれ。

おわりに

本書は、この三六年間（一九七二～二〇〇八年）に私がメンタルトレーニングについて学び、また指導してきたエッセンスをつづったものである。

すでに本文中でも述べたように、私は「本番に弱い」典型的な人間だった。そんな弱い自分をなんとかしようとあれこれやっているうちに、いつしか日本のトップアスリートたちのメンタルサポートをするようになっていたのである。さらにそこで用いられる心の処方箋は、スポーツ選手ばかりでなくビジネスマンや受験生にまでも十分適用できることもわかっていった。

本番、つまり試合や試験など肝心要の時に、日頃つちかった実力を一〇〇％発揮したいとは誰もが思うことである。そのために練習（勉強）もするし、体も鍛え健康にも留意する。しかしそれだけでは、なかなか思うように力を発揮することができない。

技や体と並んで、私たちには心というものがあり、それがどのように動いてくれるかで、事の成否は大きく変わってしまうのである。多くの方がこうしたことには気づいているが、ではどうしたら心がうまく動いてくれるかという具体的な心の使い方や鍛え方については、よくわかっていないというのが実状ではないだろうか。

私がメンタルトレーニングの勉強をし始めた一九七二年当時は、まだメンタルトレーニングという言葉そのものが日本になかったほどである。実際に選手の心の悩みに対処したり、パフォーマンスの向上をメンタル面からサポートしていたのは、長田一臣先生（日本体育大学名誉教授）ぐらいだったのではないだろうか。長田先生は、催眠や自律訓練法を主たる技法とされていた。私も最初はそこから学びをスタートしたのだが、次第に坐禅やヨーガといった東洋の伝統的な修行法を学ぶようになっていった。

一九八八年を境として、日本の多くのトップアスリートたちにメンタルトレーニングを指導するようになり、彼らのパフォーマンス向上に効果のある技法を集め、試み、改善するという作業を繰り返してきた。そこには欧米で開発されたものもあれば、四〇〇〇年以上も前から行われてきたヨーガの行法もある。

本書を読み終えられた方はすでにお気づきのように、本書で私が紹介したさまざまなメンタルテクニックは、一つとして私が開発したものではない。あるものは直接教えていただき、またあるものは書物から学んだことである。私がやったことといえば、それをまず自分で身につけた上で、相談にやってくる選手にもっとも合うように処方してきただけである。

大学に勤めてまる二六年が経った。その間、私は自分を学者だと思ったことは一度としてない。したがってメンタルトレーニングについても、アカデミックな研究をめざして行ってはこなかった。私がめざしているのは、「心のホームドクター」であり、できれば「心の赤ヒゲ先生」となることである。

最後に、本書の企画から出版に至るまでお世話になった筑摩書房の羽田雅美さんに心からのお礼を申し上げます。

二〇〇九年五月　白石　豊

［参考文献］

今村浩明、浅川希洋志編『フロー理論の展開』世界思想社、二〇〇三年
スティーブ・ウィリアムス『タイガー・ウッズのスーパーキャディが明かす　ゾーン　メンタルトレーニング』滝川宏訳・日本文芸社、二〇〇六年
ジョセフ・オコナー、アンドレア・ラゲス『NLPでコーチング』小林展子訳・チーム医療、二〇〇六年
ブラッド・カーンズ『タイガー・ウッズ　プレッシャーを力に変える生き方』藤堂圭太訳・マグロウヒルエデュケーション、二〇〇八年
加藤廣志『日本一勝ち続けた男の勝利哲学』幻冬舎、二〇〇三年
鎌田茂雄『禅の心　剣の極意』柏樹社、一九八六年
鎌田茂雄『心と身体の鍛錬法』春秋社、二〇〇〇年
神庭重信『こころと体の対話　精神免疫学の世界』文藝春秋、一九九九年
ティモシー・ガルウェイ『インナーゲーム』後藤新弥訳・日刊スポーツ出版社、一九七六年
ティモシー・ガルウェイ『インナーテニス』後藤新弥訳・日刊スポーツ出版社、一九七八年
ティモシー・ガルウェイ『インナースキー』後藤新弥訳・日刊スポーツ出版社、一九七八年
ティモシー・ガルウェイ『インナーゴルフ』後藤新弥訳・日刊スポーツ出版社、一九八二年

ティモシー・ガルウェイ『新インナーゲーム』後藤新弥訳・日刊スポーツ出版社、二〇〇〇年
ティモシー・ガルウェイ『新インナーゴルフ』後藤新弥訳・日刊スポーツ出版社、二〇〇二年
ティモシー・ガルウェイ『インナーワーク』後藤新弥訳・日刊スポーツ出版社、二〇〇三年
川上哲治『坐禅とスポーツ』成美堂出版、一九八一年
S・クヴァラヤーナンダ、S・L・ヴィネーカル『ヨーガ・セラピー』山田久仁子訳・春秋社、一九九五年
デビッド・グラハム『ゴルフのメンタルトレーニング』白石豊訳・ちくま文庫、二〇一二年
佐保田鶴治『ヨーガ禅道話』人文書院、一九八二年
白石豊『実践メンタル強化法』大修館書店、一九九七年
白石豊、脇元幸一『スポーツ選手のための心身調律プログラム』大修館書店、二〇〇〇年
白石豊、脇元幸一『ビデオ版　スポーツ選手のための心身調律プログラム』大修館書店、二〇〇〇年
白石豊『心を鍛える言葉』NHK出版、二〇〇五年
白石豊『CD版　白石豊のメンタルトレーニング講座』全一五巻・クレーマージャパン、二〇〇六年
沢庵宗彭『沢庵　不動智神妙録』池田諭訳・徳間書店、一九七〇年

エリオット・S・タッシャー『心身免疫セラピー』中神百合子訳・春秋社、一九九五年
M・チクセントミハイ『フロー体験、喜びの現象学』今村浩明訳・世界思想社、一九九六年
M・チクセントミハイ『楽しみの社会学』今村浩明訳・新思索社、二〇〇〇年
M・チクセントミハイ、S・A・ジャクソン『スポーツを楽しむ―フロー理論からのアプローチ』今村浩明、張本文昭、川端雅人・世界思想社、二〇〇五年
M・チクセントミハイ『フロー体験とグッドビジネス』大森弘訳・世界思想社、二〇〇八年
アルフォンス・デーケン『ユーモアは老いと死の妙薬―死生学のすすめ』大森弘訳・講談社、一九九五年
寺田一清編『森信三・魂の言葉　二度とない人生を生き抜くための三六五話』PHP研究所、二〇〇五年
天外伺朗『光の滑翔』飛鳥新社、二〇〇三年
天外伺朗『運命の法則』飛鳥新社、二〇〇四年
天外伺朗『マネジメント革命』講談社、二〇〇六年
天外伺朗『非常識経営の夜明け』講談社、二〇〇八年
ハヴェイ・ドルフマン『野球のメンタルトレーニング』白石豊訳・大修館書店、一九九三年
日本内観学会編『内観一筋・吉本伊信の生涯』朱鷺書房、一九八九年
昇幹夫『笑いは心と脳の処方せん』二見書房、二〇〇三年
ラニー・バッシャム『メンタルマネジメント　勝つことの秘訣』藤井優訳・兵林館、一九八

八年
原口佳典『人の力を引き出すコーチング術』平凡社新書、二〇〇八年
ルーシー・ジョー・パラディーノ『最強の集中術』森田由美訳・エクスナレッジ、二〇〇八年
平山譲『還暦ルーキー』講談社、二〇〇一年
アラン・ファイン『ゴルフ頭脳革命』白石豊訳・大修館書店、一九九六年
古市忠夫『「ありがとう」のゴルフ　感謝の気持ちで強くなる、壁を破る』ゴルフダイジェスト社、二〇〇六年
R・マートン『メンタルトレーニング』猪俣公宏訳・大修館書店、一九九一年
丸山敏秋『最高の自分を生きる―達人たちに学ぶ「ゾーンに入る」生き方―』致知出版、二〇〇五年
ビル・モイヤーズ『こころと治癒力』猪俣公宏訳・草思社、一九九四年
本川達雄『ゾウの時間ネズミの時間』中央公論社、一九九二年
茂呂隆、茂呂恵子『練気柔真法で心とからだを解き放つ』たま出版、一九九四年
スワミ・ヨーゲシュヴァラナンダ『魂の科学』木村慧心訳・たま出版、一九八四年
スワミ・ヨーゲシュヴァラナンダ『実践　魂の科学』木村慧心訳・たま出版、一九八七年
余語翠巌『自己をならうというは―「正法眼蔵」現成公案講話』地湧社、一九八七年

米長邦雄『運を育てる』クレスト社、一九九三年
ジム・レイヤー『メンタル・タフネス―勝つためのスポーツ科学』小林信也訳・TBSブリタニカ、一九八七年
ジム・レイヤー『スポーツマンのためのメンタル・タフネス』スキャン・コミュニケーション監訳・TBSブリタニカ、一九九七年
ジム・レイヤー『メンタル・タフネス―ストレスで強くなる』青島淑子訳・TBSブリタニカ、一九九八年
ジム・レイヤー、トニー・シュワルツ『成功と幸せのための四つのエネルギー管理術』青島淑子訳・阪急コミュニケーションズ、二〇〇四年

本書は二〇〇九年六月、筑摩書房より刊行された。

文庫版あとがき

本書『本番に強くなる』の単行本が刊行されたのは、二〇〇九年の六月のことだった。ちょうどこの月、岡田武史監督率いるサッカー日本代表チームがウズベキスタンを破り、世界最速でワールドカップ南アフリカ大会の出場を決めた。私は、その前年から、岡田さんの依頼を受け、チームづくりのサポートをさせていただいていた。そしてそれは、翌年のワールドカップ本番まで続いたのである。

この間、岡田さんと私がめざしたのは、たった一つ、「ワールドカップ本番で、最高のプレイができるチームをつくる」ことだったのである。ワールドカップ初戦のカメルーン戦で、日本が歴史的勝利を挙げるまで、いったい何人の人が、その後の岡田ジャパンの快進撃を予想しただろうか。岡田さんとの三年間については、『日本人を強くする』（講談社、岡田武史・白石豊著）に詳しい。岡田監督には、本書の初版出版の折に、推薦の言葉をいただき、感謝の念に堪えない。

お陰様で、その後順調に版を重ねた本書は、ちょうど四年の時を経て、この度《たび》文庫版として出版されることとなった。この間にも、多くのトップアスリートたちが、

「本番に強くなる」コツを求めて、私の元にやって来続けている。本書の第3章に登場する下柳剛投手も、その一人だったが、今年の三月、ついにユニフォームを脱ぐこととなった。私のメンタル理論の体現者として、四四歳まで投げ続けた鉄腕に、心からのエールを送りたい。

また、文庫版の出版にあたって、天外伺朗《てんげしろう》さんに解説を書いていただいたことに対して、心からお礼を申し上げたい。天外さんは、かつてソニー勤務時代には、CDやロボット犬アイボなどの開発を手がけられたバリバリの工学博士だが、心に関する著作も数多く出版されている。天外さんの本の中には、CDやアイボを開発していく中で遭遇した多くの問題に対して、あるとき突如として〝燃える集団〟が形成され、次々と解決していく様が描かれている。

天外さんや岡田さんと話をすると、本書で取り上げられている「ゾーン」とか「フロー」という話題で盛り上がる。この本をお読みになった方々が、そうした状態に入り、本番で実力を十分に発揮されることを願って、文庫版のあとがきとしたい。

解説　試合に勝つだけではなく、人間的成長を踏まえている

天外伺朗

この本で白石豊さんが説いておられるのは、「A．日ごろの練習の実力を本番で遺憾なく発揮する」、「B．高い望みを設定し、中間的な目標や日々の課題を着実にこなす事によりそれを実現する」、「C．本番で実力以上の力を発揮して奇跡を起こす」の3点だ。

プロ・アマを問わず、あらゆるスポーツ選手は、Aをマスターするだけでもたちまち成績は向上する。本書におけるBの例はトップアスリートばかりだが、アマチュアでも意志の力が強ければ実行できるだろう。

Cは、夢物語に聞こえるかもしれないが、「ゾーン」という名でよく知られている（6章1）。ビジネスの世界では同じことを「フロー」と呼ぶ（6章2）。

私自身は、CD、ワークステーションNEWS、犬型ロボットAIBOなどの技術開発プロジェクトでそれを体験した。まだ「フロー」という言葉を知らなかったので「燃える集団」と表現していた。エンジニアたちが夢中になってプロジェクトに取り

組んでいると、ある日突然スイッチが入り、アイディアが湯水のように湧いてくるようになり、全員がスーパーマンに変身してどんな困難な状況にもひるまなくなり、おまけに運まで良くなってしまうのだ。

2003年のソニーショックの後に、チクセントミハイという心理学者が提唱している「フロー理論」を知り、それでソニーの凋落を説明できるという気付きがあった。アメリカ流の合理主義経営を導入することにより、創業期から続いてきた「フロー経営」を破壊してしまったのが原因だった。

2004年に私は、数々の共時性に導かれてアメリカまでチクセントミハイに会いに行き、昼食を共にした。その直後の彼の講演では、いきなり冒頭に「自由闊達にして愉快なる理想工場……」というソニーの設立趣意書の一節が示され、「これがフローに入るコツだよ」と話が始まった。「フロー経営」のお手本はソニーだというのだ。

そのときの衝撃を『運命の法則』という本に書いた。「フロー経営」を「人間性経営学」として体系化したが、その理論的バックボーンとして「フロー理論」や深層心理学に加えて、ガルウェイというテニスコーチが提唱する「インナーワーク」(5章4)を採用した。ガルウェイは、ヨーガなどの東洋的な方法論を取り入れた画期的な指導法を開拓したが、それはスポーツにとどまらずビジネスの世界に広まり、「コーチング」の大流行に発展している。

『運命の法則』は、2004年11月に日本ハムの指導に向かう途上の白石さんの目にとまり（6章2）、ヘッドコーチの白井一幸さんは数十冊購入して選手やコーチに配ったという。その後の日本ハムの大躍進に、私も多少はお役に立てたと思うと、とてもうれしい。

私は「人間性経営学」をお伝えするため、経営者のためのセミナー「天外塾」を開いているが、2007年に白石さんが受講された。そのときは、たまたま横浜F・マリノス監督を退任して浪人中の岡田武史さんも受講された。岡田さんは、選手に細かく指示をする「管理型マネジメント」が得意な方で、札幌コンサドーレでも横浜F・マリノスでも実績を積んで来られたが、選手が自主的に動き「フロー」に入っていく「燃える集団型マネジメント」を学びたいと天外塾を受講されたのだ。

Jリーグで2度優勝した実績がありながらそれに飽きたらずに自ら変容しようとする姿に、「岡田さんは世界レベルを目指している」と感動した。天外塾における岡田さんと私や他の塾生との迫真の議論は、拙著『非常識経営の夜明け』（講談社）のなかに「天外塾実況中継」として掲載した。塾生の一人が「岡田さんは将来日本代表監督になる」と予言したエピソードも載っている。この予言はその3カ月後に実現した。

それから2010年の南アW杯まで、私と白石豊さん、白井一幸さんの3人で岡田さんの変容のお手伝いをした。とくに白石さんはメンタル面だけでなく、ロシアの体操競技から体幹トレーニング、陸上競技からスタートダッシュなど、技術的な指導もされ、岡田さんは忙しい監督稼業の合間を縫って毎月のように福島に通われた。

結果は大成功だった。W杯本番の4試合はいずれも選手たちが「フロー（ゾーン）」に入り、格上のカメルーン、デンマークに勝って、奇跡の16強入りが実現した。本戦ではパラグアイにPK戦で敗れたが、最後まで集中力を切らさなかったこと、PKに失敗した選手をいたわり涙にくれたチームワークに日本中が感動した。

2010年10—12月、天外塾では岡田武史さんを講師にお迎えして全3回の特別セミナーを開催した。岡田さんが「管理型マネジメント」から「燃える集団型マネジメント」に変容され、南アW杯で大成功された苦闘の軌跡は、経営者たちに大きな刺激を与えた。白石さんと白井さんにも講師補佐をお願いした。このセミナーは私も含めて講師が4人いるという贅沢な布陣となった。

岡田さんはその後、中国の杭州緑城チームの監督に就任され、挑戦を続けておられる。2013年の3月には私と白石さん、白井さんの3人で杭州を訪ね、岡田さんを激励した。

白石さんと白井さんには、その後何度も天外塾にご出席いただき、講師補佐をお願いした。トップアスリートの実例が豊富に出てくるので、経営者たちの興味を大いに喚起した。天外塾における白石さんとの議論は拙著『経営者の運力』（講談社）の「天外塾実況中継」に掲載した。この本では、岡田さんと私の対談も掲載した。

さて、企業経営の世界でもスポーツの世界でも、「フロー（ゾーン）」を主題にすえた方法論、フィロソフィーがとても有効な事を述べてきた。しかしながら、このマネジメントが広く知られているかというと、そうでもない。大多数の企業、スポーツの指導では、指示命令、叱咤激励、恫喝と脅迫をベースにした「管理型のマネジメント」が実行されている。

ネッツトヨタ南国の横田英毅さんは、「フロー経営」を実行しておられる数少ない経営者の一人だ。2010年に横田さんが一塾生として天外塾にご参加いただいたとき、たまたま白井一幸さんが講師補佐としておられ、日本ハム時代のマネジメントを

「私のやり方とまったく同じだ！」と驚かれた。その後横田さんは天外塾の講師のひとりとしてお迎えしているが、その内容を『教えないから人が育つ――横田英毅のリーダー学』（講談社）という本にまとめた。

「叱らない、教えない、やらせない」と短く要約して語ってくれた。横田さんは「フロー」に入る、あるいは選手が入るように指導するためには、精神的な葛藤をある程度解消してマインドがオープンになっていなければならない。白石豊さんはこの本で、ヨーガ、瞑想、内観などについて述べておられるが、単に試合に勝つための手法としてではなく、「人間的な成長」という大きな方向性を踏まえている事もぜひ留意してほしい。

（てんげ・しろう　「天外塾」主宰者）

ちくま文庫

本番《ほんばん》に強《つよ》くなる
――メンタルコーチが教《おし》えるプレッシャー克服法《こくふくほう》

二〇一三年七月　十　日　第一刷発行
二〇一九年二月二十五日　第二刷発行

著　者　白石豊（しらいし・ゆたか）
発行者　喜入冬子
発行所　株式会社　筑摩書房
東京都台東区蔵前二―五―三　〒一一一―八七五五
電話番号　〇三―五六八七―二六〇一（代表）
装幀者　安野光雅
印刷所　中央精版印刷株式会社
製本所　中央精版印刷株式会社

ISBN978-4-480-43078-6 C0111